Les Lois de Votre Univers Intérieur

Le Comportement Humain Obéit Aux Mêmes Lois
Qui Gouvernent l'Univers
Apprenez-les et Conquérez le Monde

2016

Jean-Charles Watelet

Les Lois de Votre Univers Intérieur

Le Comportement Humain Obéit Aux Mêmes Lois
Qui Gouvernent l'Univers
Apprenez-les et Conquérez le Monde

Maceió - Brésil
2023

Les Lois de Votre Univers Intérieur

Le Comportement Humain Obéit Aux Mêmes Lois
Qui Gouvernent l'Univers
Apprenez-les et Conquérez le Monde

Jean-Charles Watelet

Numéro d'enregistrement : 886.408 Livre : 1.728 Feuille : 133

Illustration : Six Propagande
Conception graphique, couverture : Six Propagande
Mise en page : Jean Charles Watelet

ISBN : 9798877614307

SOMMAIRE

- PRÉSENTATION 09
- REMERCIEMENTS 11
- INTRODUCTION 13

PREMIÈRE PARTIE : Rien n'est un hasard

Chapitre 1 : Principes fondamentaux qui régissent l'Univers

- L'Atome 21
- L'Équilibre 22
- Deux types d'interaction
- Loi de l'action et de la réaction 25

Chapitre 2 : Ce que l'existence de l'énergie nous révèle

- Fréquence Vibratoire 31
- Quatre perspectives temporelles 32
- Diviser le cycle
- Trois natures d'interaction 34

Chapitre 3 : Comment cela fonctionne

- Auto-conscience 41
- Autocontrôle 42
- L'inconscient 47
- Auto-conscience 50
- Application de la méthodologie 51

DEUXIÈME PARTIE

Chapitre 4 : Ce qui influence nos pensées

- Typologies et Interactions Humaines 61
- Connexions entre l'Extraversion et l'Introversion et autres concepts 62
- Questions à poser 72
- Combinaison des quatre caractéristiques principales 73
- Pour décider, vous ? 84
- Comment nous organisons notre temps 87
- Question à poser 90
- Par qui sommes-nous attirés 91

Chapitre 5 : Comment nous nous engageons dans des relations

- L'origine des tactiques 100
- Question à poser 107
- Compréhension de la transmission des stratégies comportementales dans la famille 109
- Comment inhiber les tactiques 112
- Comment les tactiques influencent notre physique 113

Chapitre 6 : Comment nous communiquons

- La Plage acoustique 121
- La Plage optique 123
- Interprétation 124
- Les trois domaines de la communication 125
- Les canaux de communication perceptibles 126
- Question à poser 137
- Transmission des canaux 138
- Développement des canaux 139
- Exercice de perception 142

Chapitre 7 : Ce qui influence nos actions

- Les quatre éléments 150
- Les qualités
- Référence temporelle 153
- Les signes 154
- Question à poser 157

Chapitre 8 : Résultat

- Tout est Énergie 162
- Conclusion 168
- Le système révélé 169

Chapitre 9 : Homme vs Femme

- Différences de genre et le Système Universel 175
- Charge positive ou négative 176
- Rationalité ou émotion 177
- Le noyau familial 178
- Comportement 179

Chapitre 10 : Comment reconnaître un Profil

- Arbre généalogique des interactions 187
- Les quatre domaines clés 188
- Première attraction et attraction des contraires 191
- Principes fondamentaux pour comprendre le comportement humain 193
- Compréhension des cinq domaines clés 194

Chapitre 11 : Développement personnel : Les différentes facettes de l'intelligence

- Canaux de communication et mémoire 199

- Les différentes formes d'intelligence 200
- Intelligence émotionnelle 201

Chapitre 12 : Systématique universelle

- Cartographie des interactions des couleurs au cosmos 207
- Conséquences 211

Chapitre 13 : Profils complets

- Comment nous pensons : Êtes-vous 217
- Pour décider, vous 227
- Aimez-vous les surprises ? 231
- En relation, êtes-vous plus ? 235
- De quoi vous souvenez-vous ? 241
- Ce qui influence nos actions ? 247

Références bibliographiques 259
À propos de l'auteur 261

PRÉSENTATION

"Les Lois de l'univers Intérieur", de Jean-Charles Watelet, est un guide pratique pour la conduite de la vie des personnes, aidant à résoudre à la fois les problèmes relationnels en face-à-face et à surmonter les défis professionnels du quotidien.

Les informations contenues dans cette œuvre sont indispensables pour ceux qui souhaitent améliorer l'exercice naturel de la communication, une compétence de plus en plus exigée de nos jours, où les contacts humains font la différence.

Son secret réside dans la simplicité avec laquelle il permet l'accès à la connaissance sur la manière dont les gens se comportent dans les situations les plus diverses, définissant ainsi le "fondement comportemental" auquel nous parvenons lors de la réponse aux questions posées par les tableaux de "Les Lois de Votre Univers Intérieur".

Ce qui attire notre attention et suscite l'intérêt, c'est le pouvoir de synthèse avec lequel ce guide aborde un univers de possibilités, de combinaisons de typologies personnelles et de tendances comportementales parfois cachées par des tactiques relationnelles, dans le but de nous rendre conscients des alternatives associatives et d'améliorer notre niveau de vie sociale.

Jean-Charles Watelet, son auteur, apporte une contribution différenciée, car en autodidacte, il a réussi à réfléchir sur ce qu'il a vécu, en tant que quelqu'un qui a dû faire face et surmonter les obstacles liés à un choc culturel lors de son transfert de la France vers le Brésil.

Ainsi, pour tous ceux qui, pour une raison ou une autre, ressentent le besoin d'un support technique-instrumental pour la prise de décisions et pour déclencher un processus de découverte intérieure, ce livre apparaît opportunément sans restriction d'âge, de sexe, de niveaux socioculturels et économiques des lecteurs.

Francisco Oiticica Filho
Docteur en Littérature, Culture et Société,
PPGLL-UFAL

REMERCIEMENTS

La réalisation de ce livre n'aurait pas été possible sans le soutien d'un groupe de personnes qui m'ont assisté, tant dans la conception que dans la correction des informations trouvées dans cette œuvre.

Je tiens à remercier le physicien Dr. Ítalo Marcos Nunes de Oliveira et son épouse, la physicienne Dra. Rosa Carolina Pinto Carvalho, d'avoir accepté de réviser la partie initiale du livre en ce qui concerne les explications de leur domaine sur lequel repose ce livre.

Je saisis également l'occasion pour exprimer ma gratitude à la psychanalyste Maria Auxiliadora Gomes da Silva, qui a analysé le contenu

Présenté dans cette œuvre et m'a ainsi encouragé à aller jusqu'au bout de cette entreprise.

Je remercie également l'économiste Sandro Marroquim, personnage important dans ce parcours depuis que je l'ai rencontré en tant que facilitateur du séminaire Empretec - Formation comportementale pour les entrepreneurs, par le Programme des Nations Unies pour le développement/PNUD et le Sebrae, depuis 1996.

Je ne saurais oublier de remercier le Dr. Francisco Oiticica Filho qui a suivi mes recherches pendant ces dix-sept années et qui a été fondamental dans l'orientation de ce travail. Merci pour votre patience.

Jean-Charles Watelet

INTRODUCTION

À la Recherche de la Compréhension Humaine

Imaginez grandir dans un monde que vous considérez comme normal, jusqu'à ce qu'un jour vous soyez exposé à une réalité complètement différente. C'est l'histoire de mon parcours, un voyage d'auto-découverte qui m'a amené à comprendre la complexité du comportement humain et de ses racines profondes.

En France, ma terre natale, j'ai eu une enfance marquée par des défis et un manque de liens solides avec les amis et la famille. Cela a façonné ma vision des relations et m'a fait remettre en question ma propre amertume et agressivité. Ce n'est qu'en arrivant au Brésil en 1991 que j'ai réalisé que le problème n'était pas chez les autres, mais en moi.

Au fil des ans, j'ai plongé dans des études sur le comportement humain, cherchant des réponses à des questions telles que pourquoi nous sommes comme nous sommes, pourquoi certaines caractéristiques sont plus évidentes chez certaines personnes que chez d'autres. Mon parcours m'a conduit à comprendre que rien n'arrive par hasard, et que tout autour de nous a une explication logique.

Découvrir la Connexion entre Réactions Émotionnelles et Réponses Chimiques

Dans ce livre, je partagerai les découvertes de années de recherche et d'observation. À travers une approche qui croise la physique avec le comportement humain, je révélerai comment nos caractéristiques individuelles ont des origines profondes et comment nous pouvons les utiliser pour vivre des vies plus significatives et des relations plus harmonieuses. La clé est, comme le disait Socrate : "Connais-toi toi-même".

Notre voyage commence en dévoilant le lien étonnant entre la physique et la complexité du comportement humain. Pour chaque réaction émotionnelle, il y a une réaction chimique, et l'application de cette chimie dans le cerveau entraîne une réponse émotionnelle. Comme la seule science qui explique cette chimie est la physique, nous pouvons affirmer que la physique est à l'origine de toutes les réponses.

Ensemble, nous explorerons les connexions cachées qui relient le monde quantique à notre monde émotionnel, révélant une danse complexe de particules et de sentiments. Préparez-vous à vous embarquer dans ce voyage, non seulement pour découvrir ce qui nous rend uniques, mais aussi pour célébrer les différences qui enrichissent nos vies.

Démêler les Mystères de la Physique et des Émotions

Rejoignez-moi dans cette quête passionnante de la vérité sur le comportement humain et des clés qui déverrouillent des relations plus significatives. Alors que nous plongeons dans le royaume de la physique, la même science qui décrypte les phénomènes les plus complexes de l'univers, nous commencerons à voir comment elle éclaire nos émotions et comportements, révélant l'équilibre délicat entre la physique et les réactions chimiques découlant de nos émotions (qui, bien que non abordées dans ce livre, sont entrelacées dans notre existence) et ce qui nous rend vraiment humains.

Ainsi, comme nous le rappelle la célèbre phrase d'Albert Einstein, "Tout est énergie et vibration", il est temps d'ajuster notre syntonisation pour atteindre une vie épanouissante, où la compréhension de la physique rencontre la profondeur de nos émotions. Ensemble, nous dévoilerons les secrets qui relient la science des atomes à la science du cœur

PREMIÈRE PARTIE

Rien n'est le fruit du hasard

Dans ma quête pour essayer de comprendre qui j'étais, j'ai suivi une formation en entreprise à Maceió, axée sur la présentation des caractéristiques d'un entrepreneur à succès. Ce cours était basé sur l'étude de cas visant à démontrer comment agit un entrepreneur prospère.

Peu de temps après, j'ai suivi une autre formation qui révélait notre profil de pensée. Cependant, pour parvenir aux résultats, nous devions répondre à une série de questions fastidieuses. Il était évident qu'en raison du nombre de questions à répondre, cette méthode ne pouvait pas être utilisée au quotidien.

À la sortie de ce cours, j'ai eu une illumination. Si l'on peut identifier des caractéristiques en prêtant attention aux actions d'une personne, pourquoi ne serait-il pas possible d'identifier des caractéristiques personnelles en ne considérant qu'un instant, de la même manière qu'une photographie peut enregistrer les émotions des personnes lorsqu'elles sont photographiées ?!

Cependant, il ne pouvait s'agir de n'importe quelles informations que nous cherchions, car au cours de notre vie, nous acquérons des expériences qui modifient et améliorent nos caractéristiques innées et acquises dans notre enfance. Il ne pouvait s'agir que de caractéristiques issues du processus naturel, des références trouvées naturellement dans notre environnement.

Partant du principe que nous faisons partie de cet environnement, il ne pourrait en être autrement, tant que les lois qui nous régissent sont les mêmes. Comme l'a dit Albert Einstein : "tout est énergie et vibration", et nous savons que notre corps fonctionne avec des impulsions électriques, qu'il est composé d'atomes et a besoin d'énergie pour fonctionner.

Tout d'abord, nous devons comprendre certains principes de physique pour mieux comprendre les fondements de cette méthodologie. À partir de cette compréhension, nous pourrons voir plus clairement ce qui se passe autour de nous et confirmer que rien n'est laissé au hasard.

CHAPITRE 1

Principes Fondamentaux qui
Gouvernent l'Univers

"E pur si muove"

"Et pourtant, elle se meut"

– Galileu Galilei

Principes

Dans ce chapitre, nous n'avons pas l'intention de donner un cours de physique, mais plutôt de tracer un chemin pour comprendre les principes qui fondent notre recherche de compréhension du comportement humain.

Notre préoccupation centrale est de tisser des liens entre ces principes physiques et l'étude du comportement humain, justifiant l'existence de chaque domaine, car ces lois façonnent le fonctionnement de notre environnement et exercent une influence directe sur le développement humain.

1. L´Atome

Nous commencerons notre quête par l'atome, l'unité fondamentale de la matière qui constitue aussi bien les éléments naturels tels que la terre et l'eau que des structures complexes comme le corps humain, y compris le cerveau.

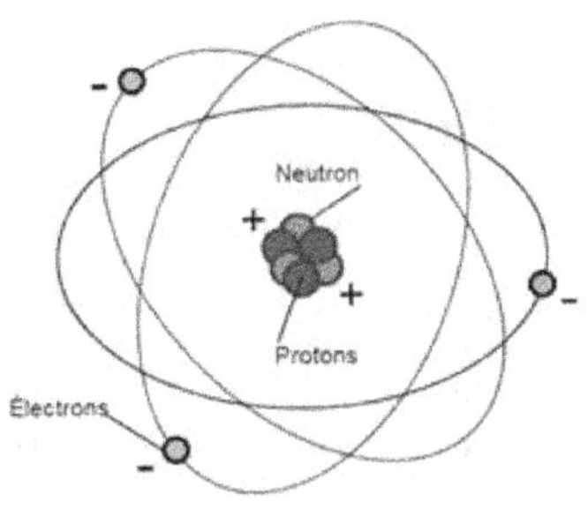

Un atome est composé d'un noyau central chargé positivement, entouré d'électrons chargés négativement en orbite autour d'orbites stables. Les atomes avec un nombre égal de protons et d'électrons sont électriquement neutres, tandis que ceux avec des nombres différents présentent des charges positives ou négatives.

Cette exploration nous conduira à la compréhension que tout dans l'univers est intrinsèquement lié à des charges positives, négatives ou neutres.

2. L'Équilibre

"L'équilibre des particules constituant l'atome se produit lorsque les forces d'attraction et de répulsion s'annulent."

– EISBERG -1979

Nous pouvons observer le même principe dans notre système solaire, où les planètes, comme des électrons en orbite autour du noyau, maintiennent des orbites stables autour du Soleil. La relation entre la force gravitationnelle (Planète/Soleil) et le mouvement planétaire maintient l'équilibre.

Ces relations précises sont également visibles dans la relation Terre/Lune, où l'orbite de la Lune influence notre climat et nos marées, assurant la stabilité environnementale. Cet équilibre est une constante dans tout l'univers.

3. Deux Types d'Interaction

Comme nous l'avons mentionné, l'équilibre dans un système se produit lorsque les interactions d'attraction et de répulsion s'annulent. Ces interactions peuvent être visibles, comme lorsque quelqu'un pousse un objet, ou invisibles, comme les forces magnétiques entre les pôles négatifs et positifs des aimants.

Nous pouvons représenter l'équilibre des interactions dans un système comme un cercle, où la somme de toutes les interactions est égale à zéro. C'est le point d'équilibre, visible ou non.

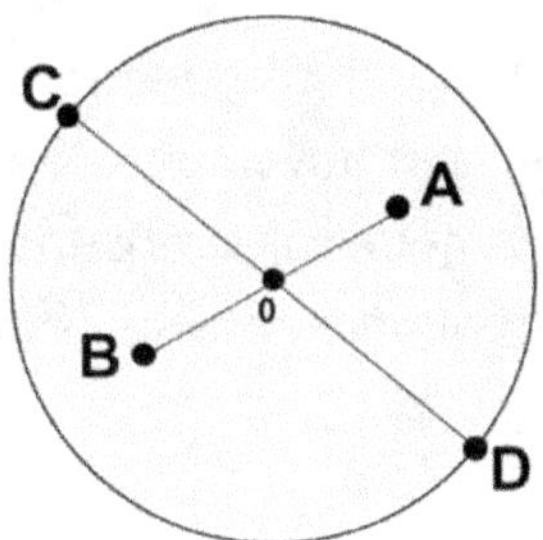

Figure nº1

4. Tout Vibre

La figure n°1 représente une configuration statique, mais comme nous pouvons l'observer dans l'univers, tout est en mouvement constant. Il suffit de regarder les planètes, les mers, les eaux et la croûte terrestre.

Maintenant, imaginons un électron en mouvement autour d'un cercle. Dans ce scénario, l'électron effectue une rotation complète en un certain intervalle de temps. Par conséquent, si nous voulons représenter ce mouvement en tenant compte du temps nécessaire pour une rotation complète, nous obtenons la figure n°2.

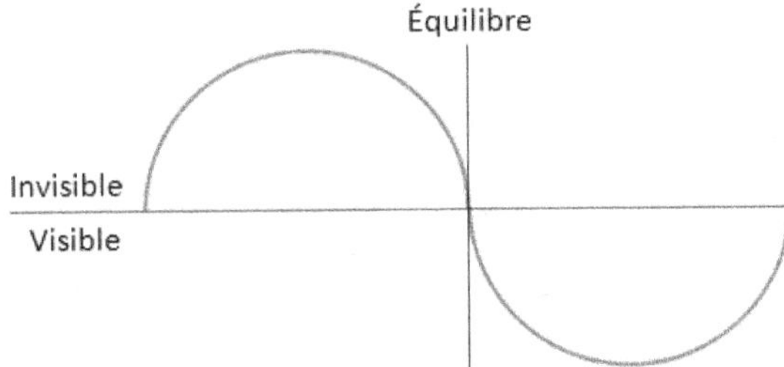

Figure nº2

Ce mouvement, effectué par l'électron tout en tournant autour du noyau, génère une vibration qui varie en fonction du type de matériau qu'il constitue. La manière la plus simple de comprendre cela est de se rappeler comment la fréquence de vibration des molécules d'eau augmente lorsqu'elle est chauffée, atteignant son pic pendant l'ébullition.

Il est important de souligner que le processus d'ébullition de l'eau implique la translation et la rotation des molécules, dont la description dépasse le cadre de ce livre. Le mouvement vibratoire est représenté dans la figure n°3, en considérant deux caractéristiques : l'amplitude et, ce qui nous intéresse le plus, la fréquence, qui se réfère à la rapidité à laquelle les vibrations se produisent.

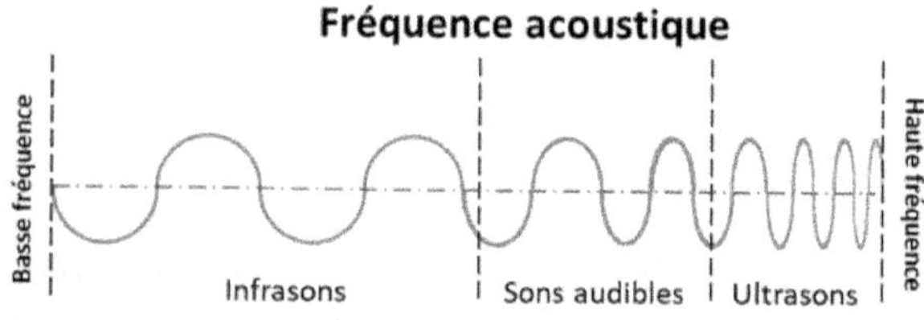

Figure nº3

La valeur de la fréquence vibratoire est directement liée au temps qu'une particule met pour parcourir un cercle complet. En réalité, plus la particule est lente, plus la fréquence autour du noyau sera faible. En revanche, des particules plus rapides présenteront des fréquences plus élevées.

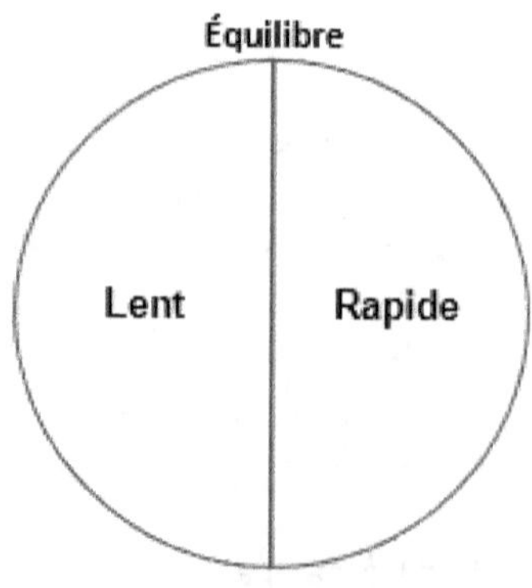

5. Loi de l'Action et de la Réaction

Il était nécessaire de comprendre comment deux corps interagissent entre eux. Le scientifique anglais, Isaac Newton (1642-1727), a élucidé ce mystère dans son œuvre monumentale de 1687, "Philosophiæ Naturalis Principia Mathematica", où il a établi un ensemble de trois lois naturelles qui régissent les mouvements des objets, aussi bien sur Terre que sur d'autres corps célestes. Pour les besoins de notre discussion, nous nous concentrerons sur la Troisième Loi de Newton :

3e Loi de Newton - Le Principe de l'Action et de la Réaction

Cette loi fondamentale stipule que "chaque fois qu'une force F1 est appliquée à un corps, ce corps répond avec une force F2 d'intensité égale, dans la même direction, mais en sens opposé." En d'autres termes, pour chaque action, il y a une réaction correspondante. Cela signifie que si quelqu'un pousse un objet avec une force F1 dans une direction spécifique, l'objet exerce une force F2 dans la même direction, mais en sens opposé, comme représenté dans la figure n°5.

Figure n°5

Au fur et à mesure que nous avançons dans les prochains chapitres, nous réaliserons que la Loi de l'Action et de la Réaction revêt une importance cruciale dans nos interactions sociales. Nous pouvons imaginer que cette dynamique de forces s'étend aux relations entre individus, influençant significativement notre façon de nous comporter les uns envers les autres.

N'OUBLIEZ PAS

Principe n° 1

Tout est énergie.

Principe n° 2

L'équilibre est atteint lorsque la somme des interactions
est égale à zéro.

Principe n° 3

Les interactions peuvent être visibles ou invisibles.

Principe n° 4

Tout vibre.

Principe n° 5

La vitesse peut être lente ou rapide.

Principe n° 6

Loi de l'action et de la réaction :

"Chaque fois que vous exercez une force sur un corps,
ce corps réagit avec une force dans la même direction,
avec la même intensité,
mais en sens opposé".

CHAPITRE 02

Ce que l'Existence de l'Énergie
Nous Offre comme Information

La fréquence vibratoire : Comprendre le Mouvement du Temps

La Fréquence Vibratoire

Notre voyage vers la compréhension de la Fréquence Vibratoire se poursuit. Dans ce chapitre, nous cherchons à tracer un chemin pour comprendre les principes sous-jacents qui fondent notre exploration du comportement humain.

La Référence dans le Mouvement Vibratoire

En analysant le mouvement vibratoire, tel que représenté dans la figure n° 6, nous identifions un point central correspondant au moment où la moitié du cercle a été parcourue. À ce point, que nous appelons arbitrairement **"point d'équilibre"**, sont associées quatre perspectives sur la façon dont nous percevons un objet en mouvement dans le temps.

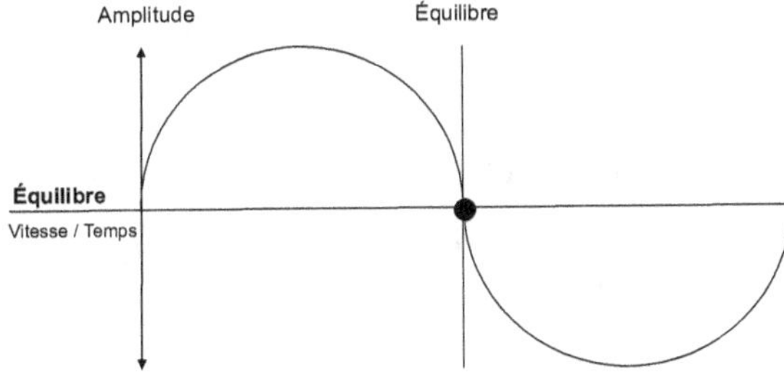

Figure n°6

Quatre Perspectives Temporelles

Lorsque notre électron est en mouvement, et que son emplacement actuel représente le présent, la partie déjà parcourue du cercle représente le passé.

De même, la portion qu'il lui reste à parcourir indique le futur.

Comme l'objet n'a pas encore complété le cycle, il est dans le présent, mais orienté vers un futur proche, car il est sur le point de terminer son cercle.

De plus, si nous considérons que ce point est sur la ligne du temps, il indique le présent immédiat.

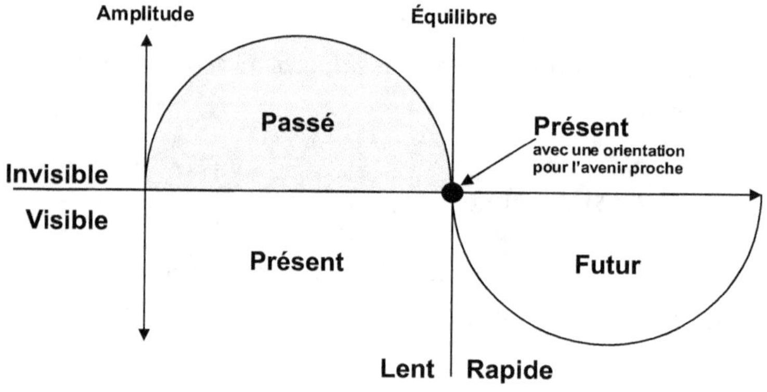

Figure nº7

Diviser le Cycle

Dans la figure nº 8, nous divisons notre cercle en quatre zones, en respectant la règle de l'équilibre. Le passé s'équilibre avec le futur, tout comme le "présent immédiat" s'équilibre avec le "présent orienté vers un futur proche".

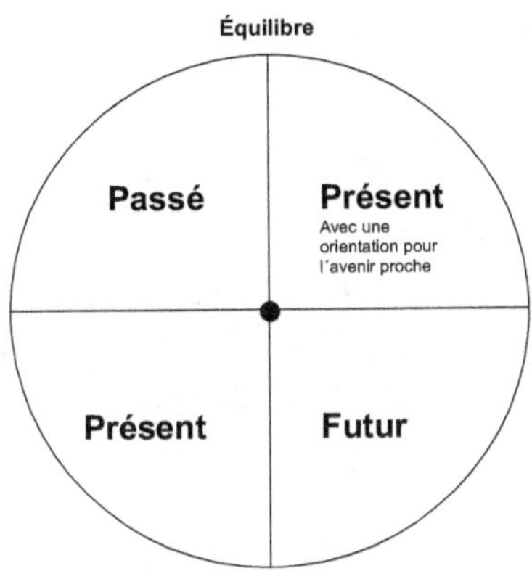

Figure nº8

Comme nous l'avons vu précédemment, la vitesse à laquelle il parcourra la distance peut être lente ou rapide, comme le montre la figure nº 9.

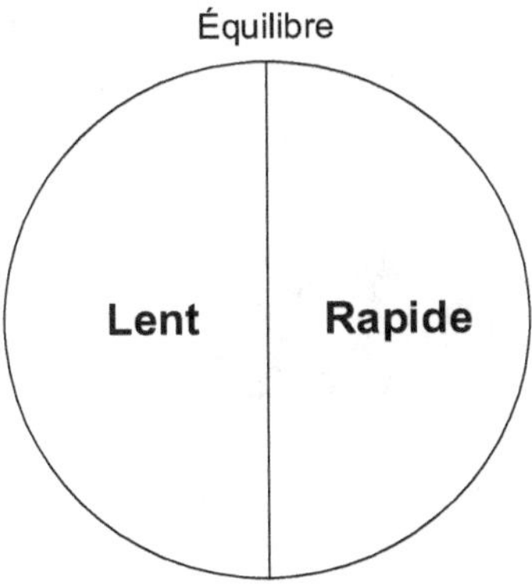

Figure nº 9

Comme discuté dans le chapitre précédent, il existe deux formes d'interaction : la visible et l'invisible. Dans la partie supérieure de la configuration de la figure nº 8, nous abordons les moments invisibles, qui concernent le passé et le présent orienté vers un futur proche. En bas, nous explorons le présent visible et le futur lié à la créativité, que nous devons visualiser avant de réaliser, comme illustré dans la figure nº 10.

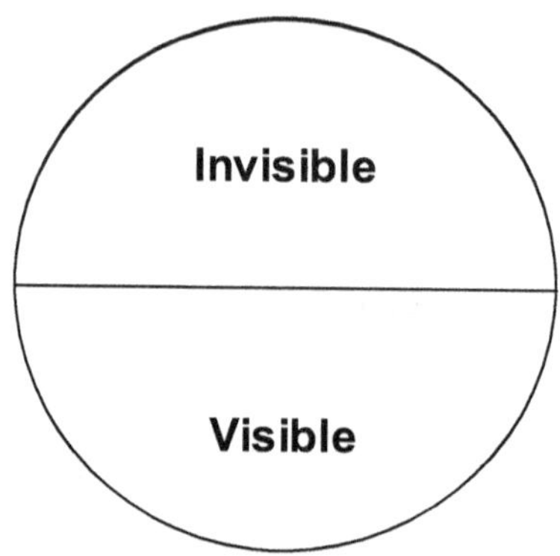

Figure nº 10

Trois Natures d'Interaction

Dans ce contexte, nous identifions trois natures d'interaction. La neutre, représentée par le point central du cercle, la négative, qui correspond aux interactions invisibles, et la positive, qui se rapporte aux interactions visibles, comme démontré dans la figure nº 11.

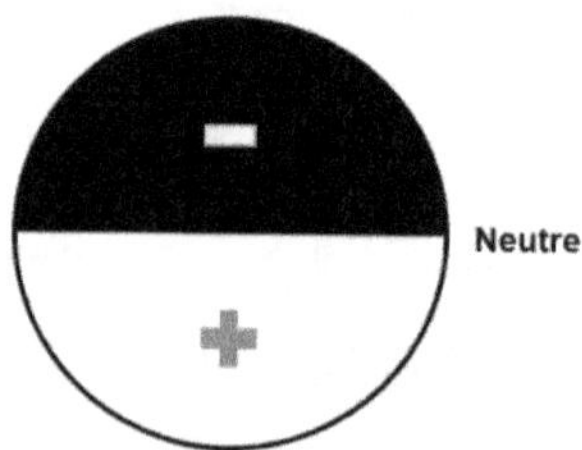

Figure nº 11

Somme de Toutes les Interactions

En considérant que l'équilibre est la somme de toutes les interactions et que l'atome que nous utilisons comme exemple était singulier, nous pouvons conclure que notre état total est la somme de toutes les informations discutées jusqu'à présent. La figure nᵒ 12 finalise notre représentation de l'état de la configuration.

Cette figure révèle la connexion directe entre le type d'interaction et la vitesse. Une interaction invisible/lente est associée au passé, tandis qu'une interaction visible/rapide aboutit au futur. Ce sont deux relations temporelles opposées avec des caractéristiques opposées. Cela s'applique également au "présent" et au "présent orienté vers un futur proche".

À partir de ce point, tout ce que nous explorerons aura une connexion directe avec la figure nᵒ 12, solidifiant la relation fondamentale entre l'interaction et la vitesse en tant que base de notre compréhension du comportement humain.

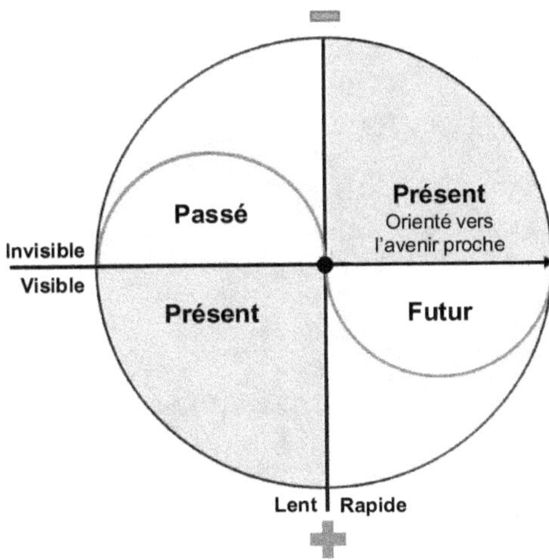

Figure nᵒ12

N'OUBLIEZ PAS

Principe n° 1 :

Il y a quatre caractéristiques de l'existence du temps.
Passé, présent immédiat,
présent orienté vers un futur proche et futur.

Principe n° 2 :

L'équilibre est atteint
lorsque la somme des interactions est égale à zéro.

Principe n° 3 :

Les interactions peuvent être visibles ou invisibles.

Principe n° 4

La vitesse peut être lente ou rapide.

Principe n° 5

La référence du temps est une conséquence de la relation
entre le type d'interaction (visible ou invisible) et la vitesse.

CHAPITRE 03

Comment cela fonctionne

Auto-conscience

Quand le philosophe Socrate (v. 469 av. J.-C.) a proclamé la phrase célèbre : "Connais-toi toi-même", il mettait en lumière l'importance de posséder une compréhension profonde de nos pensées, sentiments et émotions. Freud appelait cette auto-connaissance "écoute flottante", faisant référence à la capacité de maintenir l'esprit dans un état neutre, capable d'observer nos pensées et émotions de manière impartiale.

L'esprit neutre, comme nous l'appelons, joue un rôle fondamental en surveillant nos pensées, à la fois les aspects positifs et négatifs, avec un regard détaché et impartial. L'une de ses caractéristiques les plus remarquables est la capacité de reconnaître et de nommer toutes nos actions, pensées, émotions et sentiments en temps réel, nous permettant d'évaluer les conséquences de ce que nous faisons ou ressentons. Cet esprit neutre offre une opportunité précieuse pour améliorer nos qualités et atténuer nos défauts, permettant une croissance significative dans nos vies.

Cependant, il est important de se rappeler que, bien qu'il soit crucial de se connaître soi-même, notre vie est constamment entrelacée avec celle des autres. Par conséquent, la prochaine théorie que vous explorerez se concentre sur les relations interpersonnelles. En plus de nous aider à nous comprendre nous-mêmes, elle nous habilite à comprendre et à appréhender les personnes avec lesquelles nous interagissons, que ce soit dans le cadre familial, professionnel ou social. Cette auto-conscience en temps réel peut significativement faciliter notre quotidien.

Autocontrôle

Ce qui nous distingue des animaux, c'est notre capacité d'auto-conscience et de raisonnement. Cependant, la plupart du temps, nous n'y pensons pas consciemment, mais agissons automatiquement, prenant des dizaines de décisions et effectuant des centaines d'actions sans une analyse approfondie.

Imaginez si nous devions penser consciemment à toutes les actions que nous répétons quotidiennement, depuis notre façon de nous habiller jusqu'à notre façon de penser, décider, organiser notre temps, interagir et communiquer. Prenons l'exemple de notre choix vestimentaire le matin, même avec plusieurs options de combinaisons, nous avons tendance à suivre une séquence prévisible tous les jours.

Cet automatisme s'applique non seulement à nos actions physiques, mais aussi à nos pensées et décisions, souvent influencées mécaniquement par nos références inconscientes. Des études ont montré que le cerveau humain fonctionne de cette manière la plupart du temps, en raison de la consommation importante d'énergie associée à la pensée consciente. Cela s'aligne sur un principe de la physique universelle : "Moins d'énergie pour plus d'entropie (désordre)". En termes de comportement humain, cette règle se traduit par "Moins d'effort pour un meilleur résultat".

Cette dynamique explique pourquoi notre cerveau a tendance à baser la plupart de ses décisions sur le subconscient et l'inconscient, où les décisions, orientations et réactions programmées nécessitent moins d'effort et donc moins d'énergie.

La méthode explorée dans ce livre vise à comprendre la carte utilisée par notre subconscient et inconscient, révélant les caractéristiques prévisibles que notre esprit utilise pour s'orienter au quotidien et déterminer comment une personne réagit dans des situations spécifiques. L'objectif est de comprendre notre relation avec le monde extérieur (visible) et intérieur (invisible), révélant les mécanismes introvertis et extravertis issus de notre esprit rationnel et émotionnel.

En résumé, cette section a abordé l'importance de l'auto-conscience et de l'autocontrôle, soulignant comment notre esprit fonctionne automatiquement la plupart du temps, et comment comprendre ces processus peut enrichir notre compréhension de nous-mêmes et de nos interactions avec le monde.

Le résultat du processus prend le nom de conscience, et de la même manière qu'il existe le rationnel et l'émotionnel, il existe le conscient et le subconscient.

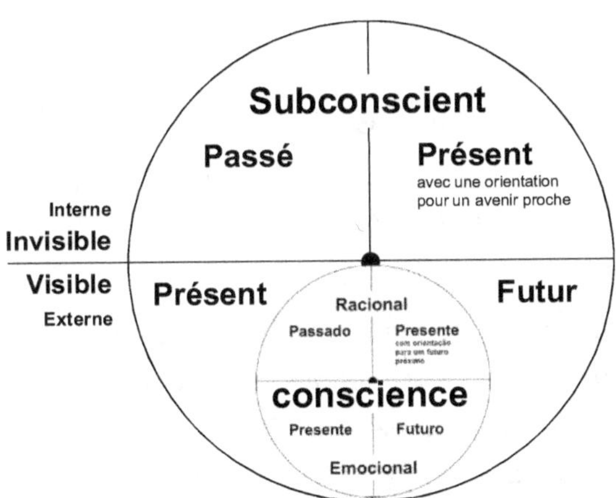

En réalité, le subconscient, associé à l'inconscient, joue un rôle crucial dans l'exécution d'environ 99% de nos actions quotidiennes de manière automatique. Comme illustré dans la figure précédente, il opère dans la sphère invisible, liée à la rétention d'informations du passé, visant à réaliser des actions immédiates dans le présent, orientées vers un futur proche.

Le subconscient utilise toutes les informations disponibles, y compris les références innées qui déterminent notre pensée, comportement et communication, ainsi que les références acquises au cours de l'enfance, à travers nos sens et canaux de communication.

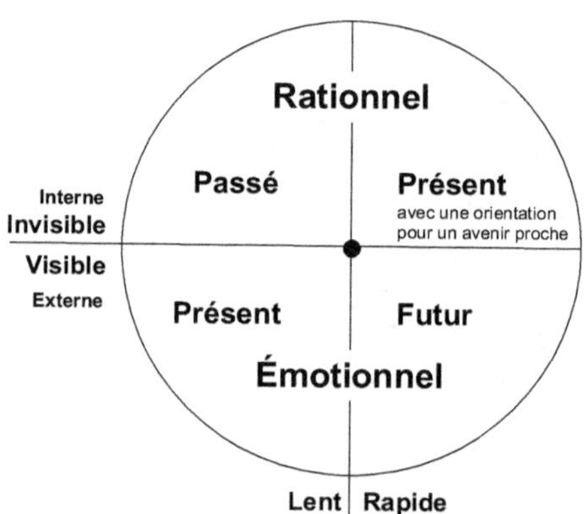

.. ..

Le résultat des interactions du subconscient influence nos caractéristiques, positives et négatives, nos préférences personnelles et nos tendances en général. Une fois établi, ce modèle a tendance à devenir une partie de notre automatisation.

On peut comparer le subconscient à un disque dur qui enregistre, comme une sauvegarde, toutes les actions et réactions tout au long de nos vies. Chaque action est catégorisée dans des dossiers correspondant à différentes zones, telles que la manière de penser, les relations, la communication et les facteurs influençant nos actions.

Dans chaque dossier se trouvent des sous-dossiers liés aux profils individuels des personnes, tels que leader, flexible, logique, interrogateur, visuel et autres, où sont stockées les actions et réactions associées à ces profils, y compris les caractéristiques, la focalisation, les compétences et les indicateurs.

Dès le moment où nous commençons à interagir avec notre environnement, par des actions telles que le pleur, les cris, le silence, le mouvement, les mots et autres, le subconscient enregistre chaque action ou réaction, évaluant son efficacité. Ainsi, la prochaine fois, il identifiera quelle action a obtenu les meilleurs résultats et la réutilisera automatiquement.

Plus une action est utilisée, plus elle devient un réflexe

Ce processus facilite considérablement la mise en œuvre de changements. Lorsque nous réalisons que la plupart de nos actions quotidiennes sont automatisées - autrement dit, des habitudes - nous pouvons les modifier au fur et à mesure que nous les identifions, en comprenant le processus sous-jacent pour prendre des décisions de changement.

Cependant, le désir de changement rencontre souvent des obstacles dans les tactiques relationnelles :

- L'**"interrogateur"** qui croit déjà être parfait et ne ressent donc pas le besoin de changer.
- Le **"distante"** qui évite consciemment de chercher à transformer ses habitudes.
- L'**"intimidateur"** qui n'accepte aucune perspective autre que la sienne.
- La **"victime"** qui craint les conséquences du changement et préfère rester dans sa zone de confort, même si cela signifie une souffrance continue.

Cela souligne la nécessité de combattre les sensations et émotions fortes lors de la recherche du changement. Par conséquent, il est essentiel de développer deux caractéristiques de l'intelligence émotionnelle : la persévérance et l'automotivation. Une fois le processus de changement d'une habitude commencé, il ne doit pas s'arrêter jusqu'à ce qu'il devienne la nouvelle norme, car les actions ou réactions que nous voulons modifier sont profondément enracinées dans notre esprit, nous tirant constamment dans la direction déjà établie.

Nous ferons face à des actions faciles à changer et à des défis significatifs. Par exemple, quand j'ai commencé ma quête d'équilibre, j'ai identifié un défaut commun chez les leaders : ne pas tenir leurs promesses. Je me suis engagé, à ce moment-là, à ne plus jamais faire de promesses que je ne pouvais pas tenir. L'approche la plus simple consiste à se concentrer initialement sur des actions simples avant d'aborder les plus difficiles. Observez les transformations qui se produiront naturellement dans votre quotidien en restant ouvert aux changements d'habitudes.

À mesure que nous éliminons les actions négatives, nous commençons à acquérir les qualités associées aux différents profils, car nos défauts sont opposés aux qualités des autres profils. Cela se traduit par une croissance horizontale, élargissant notre façon de penser, d'agir et de nous relationner.

Ainsi, nous pouvons reprogrammer nos automatismes pour les aligner sur nos objectifs et notre réalité, recherchant l'équilibre dans toutes nos actions, au lieu de nous fier aux automatismes naturels et incontrôlables que nous avons acquis depuis l'enfance.

Pour ceux qui souhaitent entamer le processus de changement, je recommande de poser les questions suivantes dès le réveil :

Quelle est la première sensation ou pensée qui surgit chaque matin ?

Est-ce positif ou négatif, comme le manque d'envie d'aller travailler, la mauvaise humeur ou des pensées négatives ?

Si la réponse est négative, il est évident que la prochaine action après cette émotion ou pensée sera également négative, car elle sera une réaction au désir, comme se lever sans envie. En identifiant cette habitude négative, il est possible de s'engager à commencer le lendemain avec une pensée positive, comme "aujourd'hui je vais réaliser, conquérir, étudier..." vers un objectif spécifique. Accompagné du désir sincère de mettre ces actions en pratique, toutes les actions suivantes seront positives, résultant en disposition et bonne humeur. Initialement, il peut être nécessaire de fournir un effort pour trouver le sentiment juste, mais avec la répétition, cela deviendra une nouvelle habitude.

Cela n'était qu'un exemple pour illustrer comment nous pouvons changer relativement facilement. Il est possible d'appliquer ce processus à toute action qui ne contribue pas positivement à l'équilibre de nos relations interpersonnelles et intrapersonnelles, en observant les changements qui en résultent.

" N'ayez pas peur d'essayer, vous ne le regretterez pas."

L´Inconscient

L'inconscient tend à gérer les automatismes de l'esprit.

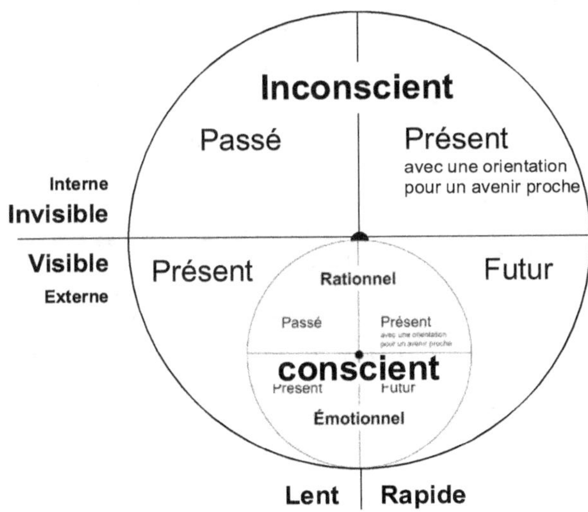

Ainsi, la somme des interactions de notre conscient et de notre subconscient finit par avoir l'inconscient comme opposé, qui est notre mémoire animale et instinctive, programmée pour notre survie.

L'influence de cet inconscient est évidente, surtout si l'on considère s'il s'agit d'une femme ou d'un homme.

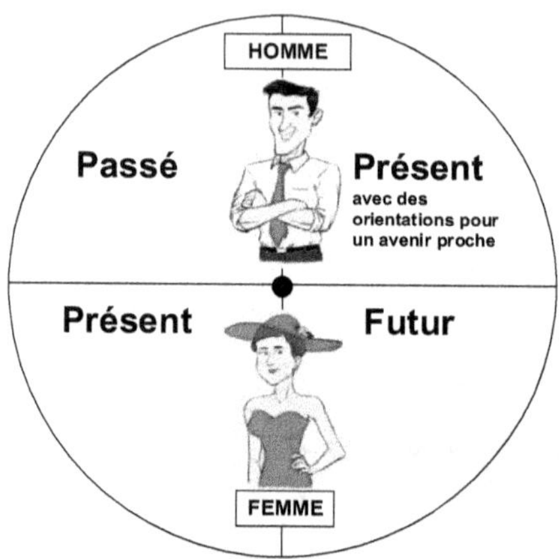

Une fois que nous prenons conscience de ces processus, il devient plus facile de comprendre ce qui nous arrive, à nous et aux autres, la plupart du temps.

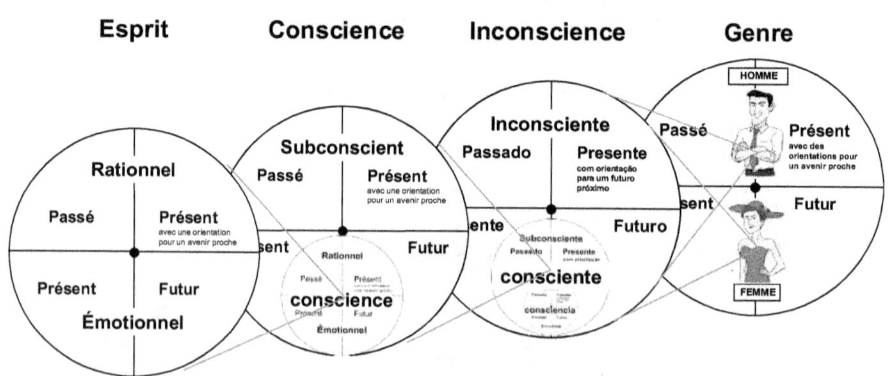

L'intéressant est que nous réalisons que notre esprit rationnel, qui est introverti, prend des décisions basées sur le raisonnement logique, dérivant de nos pensées conscientes. D'autre part, notre esprit émotionnel prend des décisions basées sur ce que nous ressentons, provenant de notre subconscient ou inconscient, cherchant une réponse. automatique basée le plus souvent sur nos émotions.

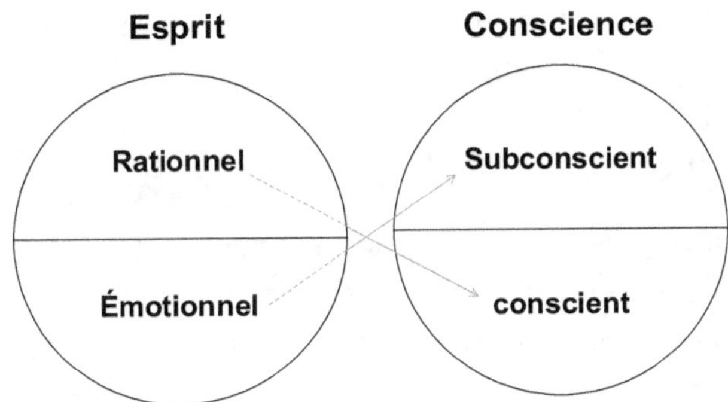

Comme mentionné précédemment, notre cerveau est programmé pour suivre cette logique dans la prise de décisions rapides, cherchant à économiser de l'énergie.

En réalité, la compréhension des résultats de notre esprit conscient, subconscient et inconscient nous permet de créer un troisième esprit, que nous appelons esprit neutre. Cet esprit n'interfère pas avec les automatismes de notre cerveau, mais peut être utilisé pour identifier chaque action que nous prenons et répétons. Si nous le souhaitons, nous pouvons reprogrammer notre cerveau en fonction de cette nouvelle compréhension, qui est la compréhension de ce qui nous arrive.

Il est important de se rappeler que les seules choses que nous pouvons contrôler dans l'univers sont nos pensées, émotions et réactions, une fois que nous avons pris conscience de l'origine de tout ce que nous faisons.

En rappelant le principe selon lequel dans l'univers, toute action a un début, un milieu et une fin, nous pouvons conclure que pour chaque action que nous faisons, le processus mental suivra la même séquence, commençant par notre essence (inconscient : homme ou femme), passant par le subconscient (notre carte mentale) et se terminant par notre conscience pour passer à l'action.

C'est pourquoi nous avons tout intérêt à apprendre cette technique pour ainsi pouvoir interagir facilement avec nous-mêmes et avec les autres, ce qui vous offrira la possibilité de choisir la meilleure façon d'accomplir une action et d'acquérir ce que nous appelons l'autocontrôle.

Auto-conscience

L'auto-conscience implique une attention constante à ce que nous ressentons intérieurement, c'est-à-dire à nos pensées et émotions. C'est comme être un témoin intéressé, mais non réactif, observant de manière neutre.

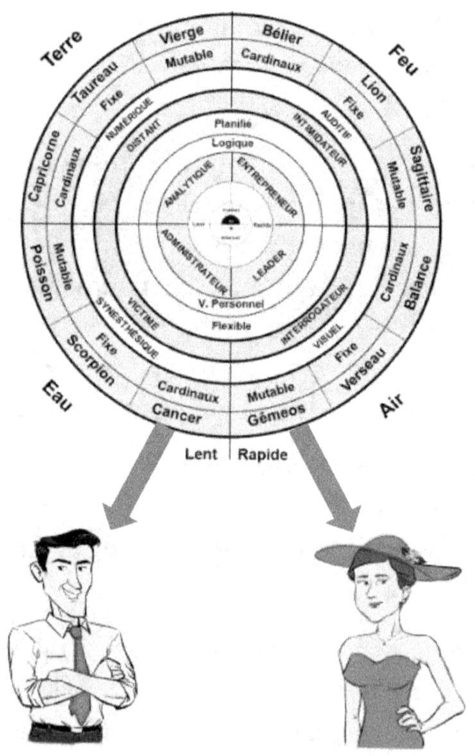

Application de la méthodologie

La compréhension et l'utilisation quotidienne de cette méthodologie entraîneront une expansion de notre profil mental. En remplaçant nos caractéristiques négatives par des caractéristiques positives, nous améliorons nos caractéristiques positives.

Avant même d'élargir notre profil mental, la simple compréhension de la manière dont interagissent les principales caractéristiques de notre profil développera nos deux intelligences personnelles : les aptitudes intrapersonnelles et interpersonnelles.

Par conséquent, le résultat que nous pouvons atteindre après beaucoup de pratique sera une expansion considérable de notre manière de penser et le développement des intelligences intrapersonnelle et interpersonnelle.

De plus, nous acquerrons une auto-conscience, qui nous permettra de développer ce que les psychologues appellent la métacognition, la capacité de réfléchir à nos propres pensées et émotions, ce que nous appelons l'esprit neutre. L'auto-conscience s'applique à nos processus mentaux, nous permettant de percevoir ce qui se passe autour de nous en temps réel, ce qui contribuera significativement au développement de notre intelligence émotionnelle.

N'OUBLIEZ PAS

Notre subconscient, associé à l'inconscient,
sert à réaliser 99% du temps les actions
que nous faisons automatiquement
au quotidien.

Les opposés s'attirent

DEUXIÈME PARTIE

Comment Nous Pensons, Prenons des Décisions, Organisons notre Temps, entretenons des Relations, Communiquons, et ce qui Influence nos Actions.

*" Jusqu'à ce que vous rendiez l'inconscient conscient,
il dirigera votre vie et
vous l'appellerez destin. "*

– Carl Jung

Nous avons maintenant suffisamment d'informations pour commencer à comprendre l'origine des caractéristiques de nos comportements quotidiens. En observant ces caractéristiques avec plus de perspicacité, nous pouvons non seulement mieux nous comprendre, mais également identifier des traits similaires chez des personnes que nous connaissons.

À mesure que nous nous habituons à analyser ces caractéristiques et leurs conséquences, approfondissant notre connaissance de soi, nous serons mieux préparés à libérer tout notre potentiel. Dans le quatrième chapitre, nous explorerons comment le type d'énergie que nous utilisons dans nos interactions avec notre environnement est étroitement lié à notre choix de référence temporelle. Il est important de souligner que ce choix se fait de manière inconsciente, influencé par notre profonde intériorité."

CHAPITRE 04

Ce qui Influence Nos Pensées

Typologies et Interactions Humaines

Dans ce chapitre, nous explorerons la relation entre les typologies développées par Carl Jung et l'indicateur de type Myers-Briggs (MBTI) dans le contexte des interactions humaines. Pour comprendre cette connexion, il est essentiel de clarifier certains concepts clés.

Typologies de Carl Jung et MBTI

Carl Jung, un psychologue renommé du XXe siècle, a catégorisé les personnes en deux types fondamentaux d'attitudes d'origine psychologique : l'extraversion et l'introversion. L'extraversion est orientée vers les attentes et les besoins sociaux, cherchant l'adaptation et les réactions extérieures, tandis que l'introversion concentre son énergie sur les états subjectifs et les processus psychiques.

Ces caractéristiques sont essentielles pour comprendre comment les gens interagissent entre eux. Établissons quelques analogies pour rendre ces concepts plus clairs.

Connexions entre l'Extraversion et l'Introversion et Autres Concepts

Dans la théorie du MBTI, il existe quatre caractéristiques principales associées aux fonctions de la conscience, qui influencent nos pensées de manières distinctes. Chacune d'entre elles est opposée à l'autre, créant un tableau complet. Relions ces caractéristiques aux typologies de Jung :

- **Interaction Visible :** Cela est lié à ce qui est observable, à la manière dont nous nous adaptons aux réactions extérieures. Nous pouvons associer cette caractéristique à l'extraversion.

- **Interaction Invisible :** Cela est lié aux états subjectifs et aux processus psychiques. Nous pouvons associer cette caractéristique à l'introversion.

Nous continuerons à explorer comment ces caractéristiques s'entrelacent et influencent le comportement humain dans notre vie quotidienne.

N'OUBLIEZ PAS

Principe n° 1

L'interaction visible "extraversion" est orientée vers
l'adaptation et les réactions extérieures.
L'interaction invisible "introversion" a son énergie
dirigée vers les états subjectifs
et les processus psychiques.

Principe n° 2

La vitesse lente est liée à la "sensation".
La vitesse rapide est liée à l'"intuition".

Principe n° 3

L'extraversion présente une caractéristique informelle
dans l'interaction avec les personnes.

Principe n° 4

L'introversion est liée à la formalité.

Les opposés s'attirent

Interaction versus Vitesse

Dans ce chapitre, nous explorerons les caractéristiques associées à quatre types principaux : Extraverti (E), Introverti (I), Lent (S) et Rapide (N), tels que définis par le MBTI. Chaque type offre des informations uniques qui ne se retrouvent pas chez les autres, nous permettant de mieux comprendre nos pensées et actions en identifiant les références qui les influencent.

INFORMEL [(E) Extraverti]

Commençons par les caractéristiques de l'Extraverti (E). Les extravertis sont facilement reconnaissables. Ils sourient beaucoup, parlent rapidement et expriment leurs sentiments et émotions facilement. Ils aiment être entourés de personnes et sont sociables.

INFORMEL

Attiré vers l'extérieur par une condition externe (Parle pour parler)

ORIENTATION

Réfléchit ensuite

ÉNERGIE

Préférence pour l'extérieur (Personnes, activité, choses...)

FOCALISATION

Changer le monde
Détendu et confiant
Compréhensif et accessible

AMBIANCE DE TRAVAIL

Cherche à varier les choses et les actions
Envie d'être dans un autre (changement)
Intéressé par ce qui est ample
Ne planifie pas

MODE DE TRAVAIL

Diversifié et actif
Impatient face à la lenteur et au retard
Agile et rapide
Avec les autres

COMMUNICATION

Transmet de l'énergie et de l'enthousiasme
Parlez vite
Privilégiez les groupes
Parlez avant de conclure

FORMEL [(I) Introverti]

Passons maintenant aux caractéristiques de l'Introverti (I). Les introvertis ont du mal à sourire et ont généralement une expression sérieuse et formelle. Ils sont discrets et réservés, préférant passer du temps seuls pour recharger leurs énergies et évitant de sortir fréquemment.

FORMEL

Poussé vers l'intérieur par la revendication
(Silencieux, penseur)

ORIENTATION

Réfléchit avant

ÉNERGIE

Préférence pour l'intérieur
(Réflexion, concepts, émotions..)

FOCALISATION

Comprendre le monde
Comprendre et questionner
Discret et impénétrable

AMBIANCE DE TRAVAIL

Silencieux et concentré
Être seul
Seulement ce qui est profond
Planifie

MODE DE TRAVAIL

Silencieux et calme
Travailler sans interruption sur des projets de longue durée
Temps pour réfléchir
Isolé

COMMUNICATION

Énergie et enthousiasme pour soi
Réfléchit avant de parler
Préfère le tête-à-tête
S'exprime après avoir conclu

LENT [(S) Sensation]

Ensuite, nous avons le type Lent (S). Les lents se caractérisent par la lenteur de leurs actions et le temps nécessaire pour répondre aux questions. Ils préfèrent réfléchir attentivement avant de répondre.

LENT

Réaliste, préfère être informé
par les 5 sens

FOCALISATION

Praticité
Réalité

AMBIANCE DE TRAVAIL

Application du connu
Pratique
Détaillé
Avec continuité

COMMUNICATION

Présente des éléments de preuve
Mettre la suggestion directe
Donnez des exemples précis

STRATÉGIE

Perfectionniste
Observe tout le monde
Un pas à la fois
Objectifs, planifications

ORIENTATION

Spécifique

RAPIDE [(N) Intuition]

Enfin, abordons le type Rapide (N). Les rapides sont reconnaissables par leur vitesse de parole et d'action. Ils répondent souvent rapidement, même avant la fin d'une question. Cependant, cette rapidité peut les conduire à commettre des erreurs, et ils ont tendance à s'irriter face à la lenteur.

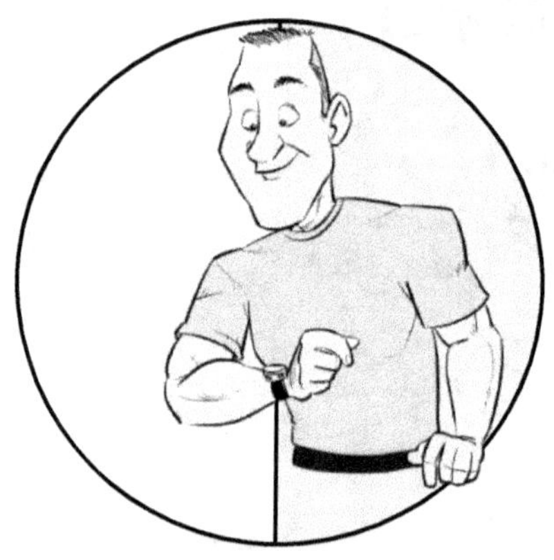

RAPIDE

Généraliste, préfère s'informer
par le 6ème sens (intuition)

FOCALISATION

Innovation, attente
Réalisations futures

AMBIANCE DE TRAVAIL

Valoriza la nouveauté
Option
Vue macro
Possibilité de changement

COMMUNICATION

Aime résoudre des problèmes
Donne des exemples abstraits

STRATÉGIE

Généraliste
Examine les possibilités
Conclusion rapide
Il ne planifie pas.

ORIENTATION

Changement
général

Questions à Poser

Il est important de noter que ces caractéristiques peuvent se chevaucher et s'entrecroiser, créant des profils individuels complexes. Tout comme nous l'avons exploré dans la première partie de ce livre, ces caractéristiques peuvent être croisées pour comprendre comment elles influencent nos pensées par rapport au temps.

Explorons comment ces types d'informations temporelles (passé, présent, futur et présent avec objectif proche) façonnent notre façon de penser.

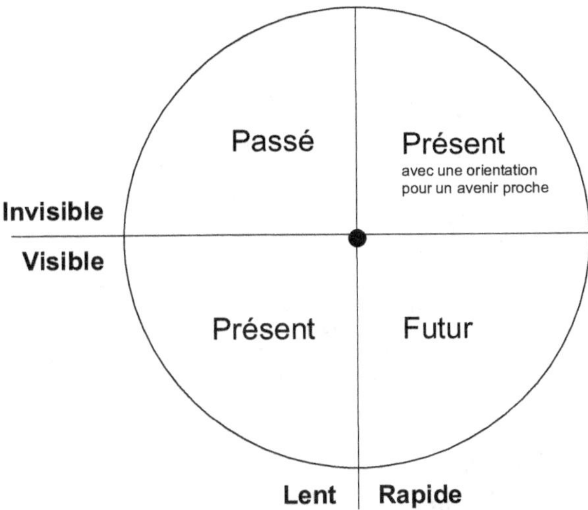

Figure n° 13

*"La véritable réalisation vient
lorsque vous vous acceptez
tel que vous êtes."*

- Marilyn Monroe

En conclusion, nous devons toujours nous poser ces deux questions :

Êtes-vous?

I: Formel -------------- ☐
Informel ------------ ☐

INDICATEURS

Extraverti ou introverti
Lorsqu'il est photographié : sourit (informel, extraverti) ou non (informel)
Sourit facilement ou pas Parle avant de conclure (Informel) ou après (Introverti formel)

II: Lent ------------------ ☐
Rapide -------------- ☐

INDICATEURS

Débit de parole
Réfléchissez avant de répondre à une question (lente) ou après (rapide)
Temps nécessaire pour répondre à une question
Rapidité des actions

Combinaison des Quatre Caractéristiques Principales

Dans ce chapitre, nous verrons le résultat de la combinaison des caractéristiques précédentes. Il est évident que chacune d'entre elles possède des caractéristiques uniques qui ne se trouvent pas dans les autres. Cela se produit car elles résultent de références liées au temps (futur, présent, passé et présent avec objectif proche). Chacune de ces caractéristiques crée des profils de pensée complémentaires, formant des compétences personnelles.

L'ANALYTIQUE [formel (I) Introverti) X Lent ((S) Sensation)]

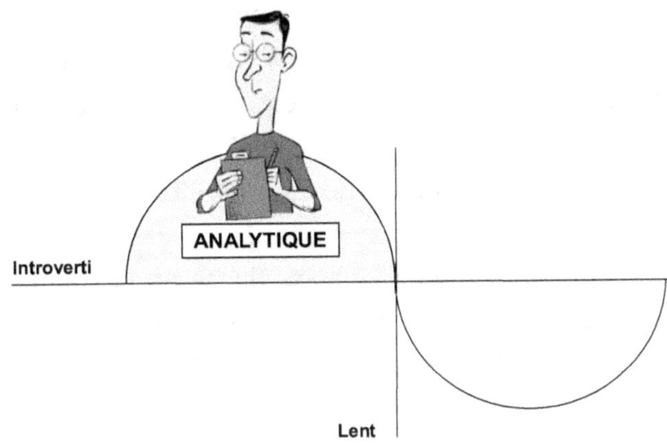

La zone qui influence l'analytique est le passé. Considérons ce que le passé nous offre : souvenirs, informations générales, sentiments bons ou mauvais, événements survenus tout au long de notre vie, toutes les connaissances acquises à l'école et à l'université. En résumé, les personnes liées à cette zone sont de véritables bibliothèques capables de stocker et d'organiser logiquement des informations passées. Elles apprécient les détails et les informations précises, tendant à croire que les bonnes choses sont dans le passé, devenant ainsi nostalgiques. Elles sont rationnelles, autoritaires, critiques, logiques et concrètes.

Le profil complet est à la page 218.

L'ENTREPRENEUR [formel (I) Introverti x Rapide (N) Intuition]

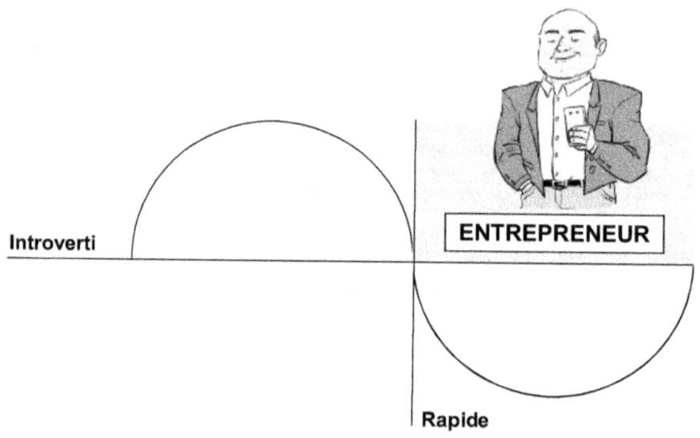

La zone liée au présent, orientée vers un avenir proche, influence la pensée en la dirigeant vers la réalisation d'actions axées sur des objectifs imminents. Pour accomplir une tâche, il est nécessaire de planifier, d'organiser et de suivre des règles. Pour atteindre leurs objectifs et respecter les délais, les entrepreneurs feront ce qu'il faut, indépendamment des difficultés ou des personnes, en visant des résultats immédiats. Ils prennent des risques et ont confiance en eux. Cependant, en raison des difficultés dans les relations interpersonnelles, ils peuvent sembler froids et peu réceptifs. Le profil complet est à la page 220.

LE LEADER [(Informel (E) Extraverti) x Rapide (N) Intuition)]

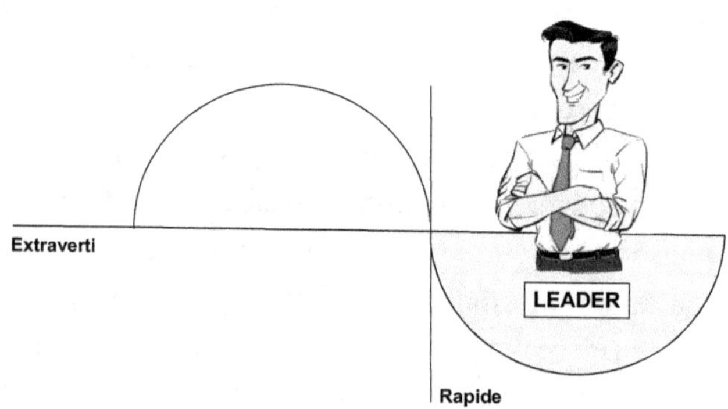

Comme mentionné précédemment, le futur est l'opposé du passé. Alors que le passé regorge d'informations, le futur ne l'est pas. Lorsque nous devons réfléchir à des situations qui n'ont pas encore eu lieu, la seule option est d'imaginer, de créer et d'inventer. Par conséquent, une personne liée au futur est pleine d'idées, a une vision macro, ne s'attachant pas aux détails, est hautement créative et intuitive en ce qui concerne les actions. Cependant, cela peut rendre la réalisation difficile, car l'accent est mis sur l'idée.

Ces personnes ont du mal à suivre des informations précises et ont tendance à généraliser les faits. Le défi est qu'elles sont rêveuses et peuvent ne pas concrétiser leurs idées, car elles perdent rapidement leur intérêt lorsque de nouvelles idées surgissent. Elles ont une facilité à influencer et à diriger les gens, étant expressives et dramatiques. Ce type est couramment trouvé dans des professions qui nécessitent de la créativité, du leadership et de l'expressivité, comme les acteurs de théâtre, les décorateurs, les photographes et les stylistes. Le profil complet est à la page 222.

L'ADMINISTRATEUR [Informel (E) Extraverti x Lent (S) Sensation]

Après avoir compris comment les interactions affectent nos pensées et que tous les cas précédents étaient centrés sur des événements passés ou futurs, nous réalisons la nécessité d'un quatrième type qui les rapproche. L'Administrateur, fortement lié au présent, a pour fonction de s'adapter aux autres pour faciliter les rencontres et gérer les relations interpersonnelles.

Ce sont des personnes extrêmement agréables et souvent perçues comme "le bon ami de la bande". Ils sont sensibles, communicatifs et émotifs, avec une intuition aiguisée envers les gens. Cependant, en raison de leur adaptation constante aux personnes avec lesquelles ils interagissent, ils peuvent sembler ne pas avoir de personnalité propre et sont facilement influençables. Le profil complet est à la page 224.

Recherche

Le type que nous utilisons peut influencer notre choix de profession. Ci-dessous, nous présentons les résultats d'une enquête menée auprès d'environ 400 dentistes. Il est intéressant de noter que les résultats mettent clairement en évidence les Administrateurs et les Analytiques comme les deux tactiques principales de cette profession.

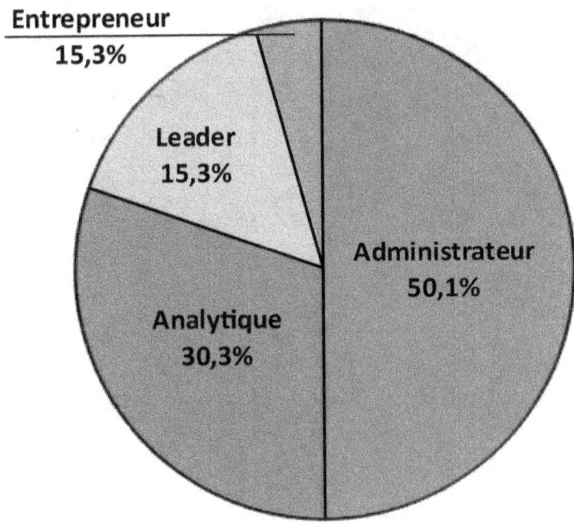

Comment Nous Prenons des Décisions

Dans le chapitre précédent, nous avons exploré les quatre types différents de pensée. Cependant, penser ne suffit pas ; nous devons également prendre des décisions. Pour illustrer cette nécessité, je partagerai une expérience récente de mon bureau.

Alors que j'étais dans mon studio, j'ai été surpris par ma secrétaire, visiblement bouleversée, qui était sur le point de démissionner. Nos sept années de collaboration avaient été tranquilles, ce qui rendait la situation encore plus confuse pour moi. J'ai découvert qu'une personne s'était adressée à elle de manière brusque, déclenchant une explosion émotionnelle.

Connaissant bien ma secrétaire, j'ai pu anticiper les conséquences possibles de cette décision extrême. Elle perdrait son emploi, son salaire, son chômage, et avec une fille à soutenir, trouver un travail rapidement ne serait pas facile. C'était une véritable catastrophe dans sa vie. Cependant, elle était déterminée à démissionner, et j'ai dû avoir beaucoup de discussions pour la faire changer d'avis.

Cet exemple illustre deux types de prise de décision, chacun lié à un mode d'interaction, qu'il soit visible ou invisible.

Prise de décision basée sur les valeurs personnelles :

Dans le cas de ma collaboratrice, sa décision était guidée par l'interaction visible, que nous appelons "mental émotionnel", lié à nos valeurs personnelles. Dans ce contexte, les décisions sont influencées par les sentiments liés à ce que nous voulons faire, sans accorder beaucoup d'attention aux conséquences pratiques.

Dans le MBTI, cela est appelé (F) Sentiment.

COMMUNICATION

Utilise les valeurs
Satisfaction des autres
Compassion et flexibilité

STRATÉGIE

Sensible et bienveillant
Anticipe les concordances
Évalue l'effet sur les autres
S'engage auprès des gens.

ORIENTATION

"Je ressens"
Pense avec le cœur
État personnel
Relation harmonieuse
Immédiatiste,
Voit de l'intérieur
Compréhensif
Confus et émotif
Sentimental
Supportant,
Amical

Prendre des décisions en fonction de la logique

Personnellement, mon approche aurait été différente. J'aurais envisagé le pour et le contre, en pesant soigneusement les conséquences. Dans mon cas, ma prise de décision est davantage liée à l'interaction invisible, liée à la logique, comme défini par le MBTI comme (T) Pensée.

COMMUNICATION

Utilise la logique
Récompense pour le travail
Ferme et critique,
Capable de blesser

STRATÉGIE

Poli et bref
Énumère les avantages et les inconvénients
L'objectif d'abord et avant tout
S'engage dans les tâches.

ORIENTATION

"Je pense"
Pense avec la tête
Logique de la situation
Vision d'avenir
Signale les lacunes
Critique,
Spontané
Bon analyste de plan
Froid et condescendant
Rationnel
Résout des problèmes

Question clé :

Peut-on alors conclure que pour découvrir comment une personne prend des décisions, il suffit de demander :

Pour décider, tu te bases sur ?

La logique ---------- ☐
Organise
Structurer logiquement

Les sentiments ------ ☐
Estime
Valeurs personnelles

Il est essentiel de comprendre ce processus, car en essayant de convaincre quelqu'un, il sera inutile d'utiliser des arguments logiques si cette personne prend ses décisions en fonction de ses valeurs personnelles. L'inverse est également vrai. Il est courant de voir des femmes prendre des décisions basées sur des valeurs personnelles, tandis que les hommes ont tendance à utiliser davantage la logique. Comprendre cette dynamique peut améliorer considérablement la communication et la prise de décision dans diverses situations.

Comment organisons-nous
notre temps

" Le temps est une monnaie que vous pouvez
dépenser comme vous le souhaitez,
mais vous ne pouvez la dépenser qu'une seule fois."

– Carl Sandburg

Le week-end dernier, lors de ma visite au Parc Forestier de Maceió, une conversation entre deux personnes proches a attiré mon attention de manière inattendue. Le ton de la conversation semblait osciller, l'une des personnes manifestant une irritation claire. Apparemment, elles se préparaient à finaliser un accord le lendemain et devaient se mettre d'accord sur les détails finaux. L'aspect intrigant était que le problème n'était pas lié à l'accord lui-même, mais à la manière et au moment où elles se rencontreraient pour conclure l'accord. Alors qu'une insistait pour définir le lieu et l'heure avec précision, l'autre semblait indifférente, répondant simplement par un simple "D'accord, on se voit demain". Je craignais que la tension ne monte et que la discussion ne devienne une dispute imminente.

Cependant, la racine du problème était liée à la différence fondamentale dans les approches de chaque personne pour organiser le temps, quelque chose que j'ai réalisé plus tard. Tout comme nous prenons des décisions en fonction de nos esprits rationnels ou émotionnels, nous organisons également notre temps de manière différente.

Les Planifiés (J - Jugement) :

Ces personnes ont un besoin intrinsèque de structurer leur temps. Pour elles, tout tourne autour de définir quand, comment et où les choses se produiront. Lorsque les événements sortent du planning, elles peuvent se sentir excessivement angoissées, frustrées et irritées. L'interaction entre les planifiés et les personnes plus flexibles tend à créer des frictions, mais les planifiés doivent apprendre à être plus adaptables.

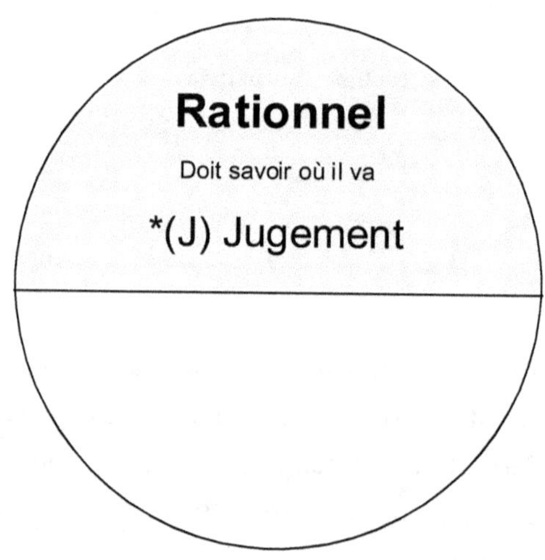

Ordre et structure.
Contrôle sur la vie.
Aime être décisif.
Limite clair de ce qu'il fait.
Décide fermement.
Achète à terme.
Planifie à l'avance.
Perception exigeante, rapide, tendue.
Besoin de perception pour s'équilibrer.
Planifie.
Programmation immédiate.
Propose des résultats et des objectifs.

Planificateur.
Organisé.
Rigide.
Esprit fermé.
Doit savoir où il va.
Décide lentement.
Peu de flexibilité.

Les Flexibles (P - Perception) :

D'un autre côté, les personnes flexibles ne sont pas adeptes d'une planification rigide. Elles préfèrent s'adapter au moment, naviguant à travers les circonstances au fur et à mesure qu'elles se présentent. Bien qu'elles ne sachent peut-être pas exactement où elles vont, elles savent bien où elles ne veulent pas être.

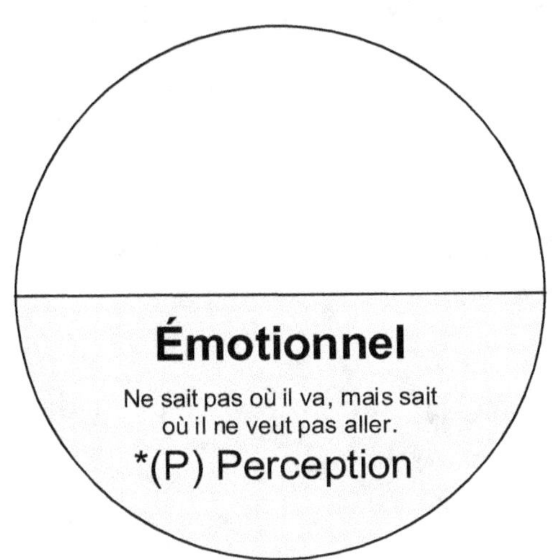

CARACTÉRISTIQUES

Se laisse emporter.
La vie telle qu'elle est.
Aime être ami.
Liberté d'explorer.
Démarrer.
Reporte tout à la dernière minute.
Semble désorganisé.
Désordonné et irresponsable.
Besoin de jugement pour s'équilibrer.
Spontané.
N'aime pas les délais courts.
Cherche des options.
Impliquez-vous dans le processus.

STIMULUS

Spontanéité et flexibilité.
Esprit ouvert.
Ne sait pas où il va, mais sait où il ne veut pas aller.
Décide rapidement.
Adaptable au changement.

Question à poser

Une des caractéristiques très opposées entre ces deux façons de voir le temps est que les flexibles aiment les surprises (esprit émotionnel) et l'autre partie (esprit rationnel), étant des personnes planifiées, n'aime pas les surprises et peut même devenir irritée.

Par conséquent, la question à poser pour découvrir comment une personne organise son temps est :

Aimes-tu les surprises ?

NON ----------------- ☐ Planifié
Doit savoir où il va

OUI ----------------- ☐ Flexible
Ne sait pas où il va,
mais sait où il ne veut pas aller

Pour qui sommes-nous attirés

Maintenant, imaginons que vous entrez dans une fête avec 500 personnes, toutes ayant des normes sociales et intellectuelles similaires et une apparence physique qui ne les différencie pas beaucoup les unes des autres. Au cours de la fête, une personne attire votre attention.

Qu'est-ce qui la rendrait différente des autres ?

La réponse est assez simple. Comme nous l'avons mentionné précédemment, chaque personne possède un style de pensée [analytique (introverti-lent), entrepreneur (introverti-rapide), leader (extraverti-rapide) ou administrateur (extraverti lent)], une approche pour prendre des décisions (avec logique ou basée sur les sentiments) et une préférence pour organiser son temps (planifié ou flexible). La combinaison de ces quatre caractéristiques définit un profil unique. En fait, il existe 16 types distincts mis en avant.

Chacun de ces types influence la façon dont nous nous déplaçons, nos expressions faciales, notre langage corporel, la manière dont nous parlons et pensons, en fonction du profil mental qui nous caractérise.

Maintenant, imaginons que ces caractéristiques fonctionnent comme un code exclusif, tout comme nos empreintes digitales. Ce "code" émane constamment autour de nous, de manière similaire à une antenne radio émettant des signaux dans toutes les directions.

Lorsque le "code" d'une personne entre en contact avec le "code" d'une autre personne, ce processus peut être comparé à l'interaction de deux aimants. Si nous essayons d'associer deux aimants avec des côtés identiques (négatif avec négatif), nous ressentirons une répulsion, avec une résistance de plus en plus grande à mesure que nous essayons de les rapprocher.

Cependant, si nous plaçons le côté positif (+) d'un aimant en face du côté négatif (-) de l'autre, nous constaterons qu'il y a une attraction, et il arrivera un moment où il sera inévitable qu'ils se rejoignent.

Par conséquent, un extraverti (E) tend à être attiré par un introverti (I), un penseur rapide (N) par un penseur lent (S), un preneur de décisions logique (T) par un preneur de décisions basé sur les sentiments (F) et un planificateur (J) par un flexible (P).

Naturellement, nous sommes attirés par des personnes qui ont des caractéristiques opposées aux nôtres. Plus elles sont différentes, plus l'attraction est forte. Cette attraction s'applique aussi bien aux amitiés qu'aux relations romantiques. Comme nous pouvons le voir dans la figure ci-dessous, le meilleur ami de l'homme de nature formelle a un profil similaire à celui de sa femme, tandis que la meilleure amie de la femme a un profil plus semblable au sien.

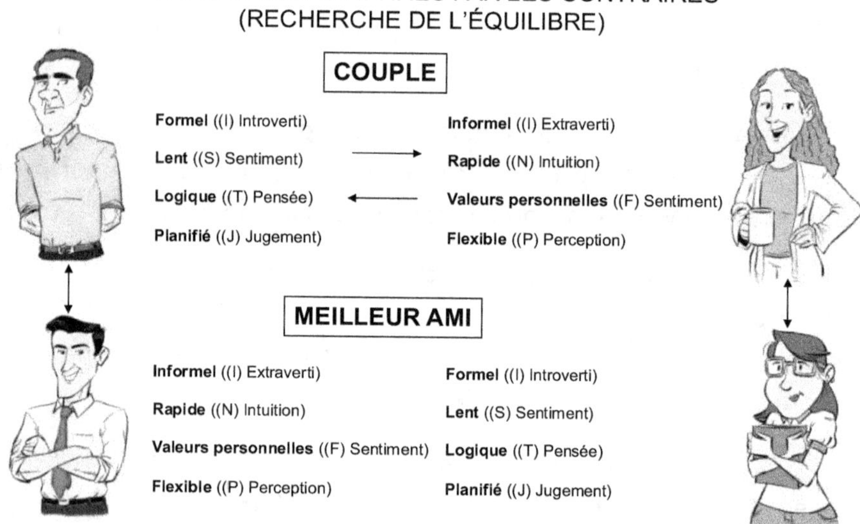

Il est important de noter que cette représentation est simplifiée et basée sur l'idée d'une attraction totale entre les opposés. Cependant, dans la réalité, cela se produit rarement. Notre raisonnement actuel vise à comprendre comment ce processus fonctionne, tout en ignorant délibérément les variations que nous ne comprendrons que lorsque nous explorerons tous les processus abordés dans ce livre.

N'OUBLIEZ PAS

Quatre caractéristiques principales

Informel (E) Extraverti
Formel (I) Introverti
Lent (S) Sensation
Rapide (N) Intuition

Quatre profils de pensée

Analytique Formel (Introverti) x Lent (Sensation)
Entrepreneur Formel (Introverti) x Rapide (Intuition)
Leader Informel (Extraverti) x Rapide (Intuition)
Administrateur Informel (Extraverti) x Lent (Sensation)

Deux façons de prendre des décisions

Prendre des décisions en fonction des valeurs personnelles
Prendre des décisions en fonction de la logique

Deux façons d'organiser notre temps

Les planifiés
Les flexibles

Les opposés s'attirent

CHAPITRE 05

Comment nous interagissons

" Une relation devient difficile
quand il y a un manque de compréhension.
Quand vous comprenez,
tout devient plus simple."

– Thich Nhat Hanh

Tout comme nous avons besoin de nourrir notre corps pour le maintenir en bonne santé, notre esprit a également besoin de nutrition. Cependant, cette nutrition provient des interactions découlant des pensées des autres. Lorsque nous pensons, notre cerveau émet des ondes cérébrales (bêta, alpha, thêta et delta) qui, de manière inconsciente, peuvent être perçues par le cerveau d'autres personnes et vice versa. Ces ondes peuvent être mesurées par des dispositifs électroniques tels que l'électroencéphalogramme ou EEG.

Pour attirer ou repousser consciemment les ondes mentales des autres afin de maintenir l'équilibre dans nos relations, nous avons développé des tactiques interpersonnelles.

En 2001, j'ai présenté un projet de marketing personnalisé pour un hôpital à Maceió. L'idée était d'établir un lien plus étroit entre l'institution et ses patientes après l'accouchement. Mon travail consistait à visiter quotidiennement les nouvelles mères et à prendre une photographie d'elles avec leurs bébés, avec la proposition d'offrir un souvenir comprenant la photo et les données de naissance.

Simultanément, j'avais le privilège exclusif d'offrir aux femmes enceintes la possibilité de créer un enregistrement de la naissance de leurs enfants.

Pendant trois ans, j'ai eu le plaisir d'assister à la naissance de nombreux enfants. À chaque occasion, j'observais attentivement le comportement des bébés. Dans ce bref moment d'observation, le seul facteur que je pouvais évaluer était la façon dont ils pleuraient. Les variations étaient subtiles, comme l'intensité du cri, difficile à reproduire ou à décrire maintenant. Cependant, un bébé a attiré particulièrement mon attention.

La plupart du temps, les bébés pleuraient à la naissance, mais tous pleuraient lorsqu'ils recevaient la piqûre du premier vaccin, sauf João. Son absence de pleurs à ce moment-là m'a intrigué. En prenant la photo pour l'hôpital, j'ai demandé à la mère, nommée Angela, ce qu'elle avait fait pendant les neuf mois de grossesse qui pourrait expliquer le comportement inhabituel du bébé. Elle a répondu sans hésitation qu'elle avait passé tout ce temps à penser à lui.

À ce moment-là, j'ai commencé à entrevoir la possibilité que l'intensité de l'interaction entre la mère et le fœtus pendant la grossesse puisse influencer directement le comportement futur de l'enfant. Nous savons que le fœtus est lié à la mère par le cordon ombilical, qui fournit les nutriments essentiels à son développement. C'est une interaction parfaite qui offre la quantité exacte de nutriments pour une croissance saine.

Lorsque Angela concentrait ses pensées sur le fœtus, celui-ci était inondé par une série d'ondes cérébrales envoyées dans sa direction. Comme mentionné précédemment, ces ondes cérébrales sont générées par le système nerveux central et sont transmises par des impulsions électriques entre les neurones, utilisant le courant électrique produit par le cerveau comme moyen de propagation. Ces ondes partagent les mêmes caractéristiques expliquées dans le premier chapitre, y compris la fréquence et l'amplitude.

Il semble évident que si le cerveau émet des ondes pendant la pensée, il doit y avoir des récepteurs, en l'occurrence notre cerveau, qui remplissent ces deux fonctions.

Pour illustrer l'effet de ces ondes, je me suis souvenu de l'époque où je pratiquais la méditation à la fin des années 90. À l'époque, j'avais un orchidarium avec plus de mille plantes. Pendant six mois, j'ai pratiqué la méditation avec une orchidée, la tenant entre mes mains, dans le but d'échanger de l'énergie avec elle.

Cette orchidée m'avait été offerte par un ami, elle était affaiblie et n'avait jamais fleuri. Les orchidées poussent normalement un pseudobulbe par an, et celle-ci entrait dans un nouveau cycle de croissance. Le résultat de mes méditations quotidiennes, concentrant mon énergie sur la plante et sans fournir aucun engrais, a été que, lorsqu'elle a terminé le cycle de croissance, le nouveau pseudobulbe avait au moins six fois la taille de l'ancien. La feuille était remarquablement belle et parfaite à tous égards, y compris la couleur, l'épaisseur, la texture et la forme. De plus, elle a fleuri avec cinq grandes et parfaites fleurs.

Cependant, ce qui s'est passé ensuite était l'inverse. Peu de temps après avoir arrêté la méditation, la plante s'est cassée à la base en raison du poids excessif et, à ma grande tristesse, elle est morte.

Cette histoire illustre comment simplement concentrer nos pensées sur une plante ou une personne peut entraîner des conséquences significatives. Dans ce cas, je parlais d'un échange équilibré d'interactions.

Si la quantité de nutriments arrivait en excès ou en manque, le fœtus pouvait devenir excessivement gros ou trop faible. Nous pourrions comparer le fœtus à une vessie qui se dilaterait avec un excès de nutriments ou ne parviendrait pas à devenir suffisamment forte pour se nourrir correctement.

Maintenant, imaginez que notre esprit ressemble également à une vessie, alimentée principalement par les pensées de la mère, c'est-à-dire par l'interaction qui se produit à ce moment-là. Le principe serait le même que pour les nutriments, mais cette fois, la conséquence ne serait pas le développement du corps, mais des "Tactiques Relationnelles".

Le problème est que, à cette étape de la vie, le fœtus n'a aucun moyen de se défendre contre l'excès ou le manque d'interaction qu'il reçoit. Lorsque Angela pensait intensément à lui, la "vessie mentale" de João se dilatait de manière excessive. Pour se protéger, il devait trouver une tactique pour ne pas attirer son attention. En fait, l'excès ou le manque de pensées forcent les fœtus à développer des tactiques pour attirer ou inhiber les ondes mentales des mères. À ce moment-là, ils n'ont que deux options d'interaction : rester immobile pour éviter d'attirer l'attention (un comportement passif) ou se déplacer en donnant des coups ou des mouvements brusques (un comportement agressif).

Après la naissance, le bébé devra développer de nouvelles tactiques basées sur l'environnement dans lequel il se trouve, mais toujours enracinées dans la tactique (passive ou agressive) qu'il a commencé à développer dans l'utérus maternel.

Dans le cas de João, la tactique qu'il était contraint d'utiliser était de rester aussi calme que possible (passive), ce qui a abouti à un comportement silencieux lors de sa naissance.

L'Origine des Tactiques

Comme discuté dans le premier chapitre, nous pouvons diviser une onde en quatre zones, chacune liée à une référence temporelle (passé, présent, présent avec objectif proche et futur). Les tactiques interpersonnelles, ayant la même origine, sont les conséquences des réactions de différents types de personnalité (Entrepreneur, Leader, Analytique et Administrateur) sous tension.

Comme mentionné précédemment, il existe deux possibilités d'interaction :

Les Agressifs

- **Intimidateurs :** Ils ont leur origine dans le présent, se concentrant sur des objectifs immédiats, ayant tendance à recourir à des menaces et à imposer leur volonté avec autoritarisme.

- **Interrogateurs :** Ayant leur origine dans le futur, ils ont tendance à parler fort, à s'agiter et à exploser dans des situations de tension.

Les Passifs

- **Distantes :** Elles ont leur origine dans le passé, répondent sous tension en se taisant, en s'éloignant et en évitant les conflits, souvent inhibant leur capacité de réaction et prenant des décisions arbitraires.

- **Victimes :** Elles ont tendance à voir le côté négatif des situations, se sentent souvent occupées et fatiguées, et accusent les autres de tout ce qui leur arrive.

Chaque tactique a une tactique opposée (Interrogateur-Distante ou Intimidateur-Victime), comme illustré dans la Figure n° 15 :

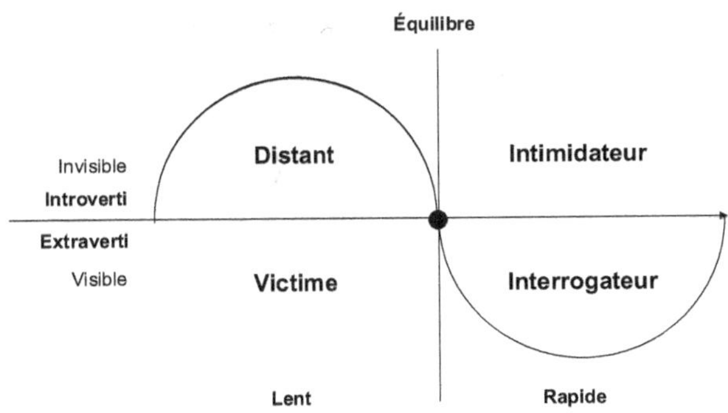

Figure nº 15

Ce processus est directement lié à la Troisième Loi d'Isaac Newton :

*" Chaque fois qu'une force F1 est appliquée à un corps,
ce corps exerce une force F2 de même magnitude,
dans la même direction, mais en sens inverse."*

Dans ce contexte, l'interaction résultante est une conséquence du comportement de la mère pendant la grossesse :

- Si la mère adopte une posture interrogatrice, l'enfant a tendance à devenir distant.

- Si la mère est distante, l'enfant peut devenir interrogateur.

- Lorsque la mère est intimidante, l'enfant peut adopter une posture de victime.

- Si la mère se comporte comme une victime, l'enfant peut devenir intimidateur.

L'intensité de l'interaction de l'enfant sera égale à l'intensité émanée par la mère, mais avec un comportement opposé. Dans le cas d'Angela, que nous verrons en détail par la suite, elle était très interrogatrice, ce qui a conduit João à adopter une posture très distante.

Étant donné que ces tactiques se développent inconsciemment, une manière efficace de désactiver ce jeu comportemental est de révéler que l'on est conscient de ce qui se passe. Une fois que la tactique est révélée, elle perd une grande partie de son pouvoir.

L'INTERROGATEUR (agressif)

L'interrogateur est quelqu'un qui, tout au long de sa vie, a développé un schéma de comportement agressif, cherchant constamment l'attention et l'interaction avec les autres. Imaginez Claire quand elle était dans le ventre de sa mère. Son expérience était complètement opposée à celle de João. Alors qu'elle se développait, Claire a fait face à un manque d'interaction avec sa mère. La quantité de pensées dirigées vers elle n'était pas suffisante pour remplir sa "Vessie"

mentale. Cela aurait pu se produire pour deux raisons possibles : soit sa mère était distante, comme João, soit, à ce moment-là de sa vie, la mère d'Claire était très occupée avec des tâches telles que l'ouverture d'un magasin dans un centre commercial, la préparation d'un concours ou s'occuper d'autres enfants, le cas échéant.

Dans le ventre de sa mère, Claire ne pouvait s'exprimer qu'en bougeant ou en donnant des coups pour attirer l'attention. Cependant, une fois née, elle a développé des tactiques relationnelles pour attirer l'attention, comme pleurer excessivement.

Le pleur est la première forme d'interaction qu'un bébé a avec les personnes autour de lui. Dans le cas de l'interrogateur, ce pleur est incessant et prolongé, confondant souvent le jour avec la nuit.

Au fur et à mesure que l'interrogateur grandit, il développe des tactiques de plus en plus complexes. Ces tactiques peuvent inclure forcer les autres à se justifier, répéter des histoires plusieurs fois, montrer de la désobéissance, agir comme s'il savait tout, parler inlassablement, regarder intensément les gens, parler aux moments les plus inconvenants, faire du bruit de différentes manières, montrer son intelligence, critiquer du regard, ne pas permettre aux autres de parler ou interrompre leurs discours.

Ce ne sont là que quelques exemples des nombreuses façons dont un interrogateur cherche l'attention, choisissant ses tactiques en fonction des circonstances dans lesquelles il a été élevé dans l'enfance. Bien que ces comportements puissent être perçus comme irritants, dans certains contextes professionnels tels que la recherche, l'enseignement, le conseil, la vente, le droit, les arts et le divertissement, ils peuvent être avantageux. Cependant, un problème est que, souvent, les interrogateurs n'écoutent pas les autres, car ils ont une image de soi gonflée et ont tendance à ignorer les informations et les conseils des autres.

Profil complet page 236.

LE DISTANT (Passif)

Le comportement distant est une conséquence de l'interaction avec un Questionneur. Notre petit João est un exemple parfait de ce comportement, car il a montré, dès sa naissance, un profond désir de ne pas attirer l'attention. En tant que personne distante, je comprends bien ce sujet. J'ai mis cinq ans à réaliser que j'avais ce comportement. Tout se résume à un seul mot : "Non !"

L'individu distant répond souvent par "non" aux invitations et aux opportunités, évite les interactions sociales, ne répond pas au téléphone et hésite à rappeler. Il peut être timide, procrastinateur et perdre des opportunités, car il retarde des tâches essentielles. Le distant a également tendance à ne pas exprimer ses sentiments et a des normes élevées, ne trouvant jamais rien assez bon. Cette caractéristique peut être préjudiciable dans plusieurs domaines de la vie.

Certaines professions conviennent au comportement distant, telles qu'artiste plastique, dessinateur, peintre, sculpteur, mécanicien, comptable, designer graphique, alpiniste, marathonien, gymnaste, dentiste, musicien. Cependant, pour réussir, les individus distants ont généralement besoin d'un environnement de travail stable et d'équipes qui compensent cette caractéristique négative.

Pour illustrer cela, je partage l'histoire de deux amis qui dirigeaient une entreprise prospère. Ricardo était un vendeur impitoyable (Questionneur), tandis qu'Antonio (distant) excellait dans la réalisation de ce que Ricardo concluait. Cependant, après la retraite de Ricardo, Antonio a dû gérer l'entreprise seul, ce qui a entraîné des difficultés financières et une incertitude quant à l'avenir. La difficulté d'Antonio à prendre des initiatives en raison de son comportement distant a été un facteur déterminant.

Profil complet page 237.

L'INTIMIDATEUR (agressif)

L'Intimidateur est quelqu'un qui utilise l'intimidation dans ses interactions, que ce soit physiquement, verbalement ou mentalement. Souvent, ses réactions agressives et imprévisibles laissent les personnes autour de lui constamment craintives, attendant une explosion de colère à tout moment. Même un simple regard peut causer de l'inconfort. Ils parlent souvent d'un ton menaçant, s'irritent facilement et sont enclins à la mauvaise humeur.

Cependant, il est important de souligner que tous les Intimidateurs ne sont pas désagréables tout le temps. Certains peuvent être extrêmement charismatiques et populaires, comme mon ami

Fernando, qui est un Intimidateur, mais qui a une présence agréable. Il est connu pour être un excellent hôte, toujours entouré de personnes qui l'apprécient. Dans son cas, l'intimidation se manifeste à travers une rhétorique sarcastique.

Profil complet page 238.

LA VICTIME (passive)

La Victime est quelqu'un qui blâme constamment les autres pour tout ce qui se passe dans sa vie. Cela inclut non seulement les personnes autour d'elle, mais aussi le travail, le temps, le gouvernement et les circonstances en général. Elles ont des préoccupations constantes au sujet d'événements futurs négatifs qu'elles croient inévitablement les affecter. Le pire est qu'elles se mettent souvent dans des situations qui leur permettent de se plaindre. Elles se sentent constamment fatiguées, irritées, découragées et blessées.

Un exemple illustratif est lorsque mon amie Gabriela a annulé un dîner chez des amis simplement parce qu'elle pensait que la nourriture servie ne serait pas à son goût. Lorsque j'ai refusé d'annuler l'engagement en son nom, elle a pleuré et m'a blâmé pour son état émotionnel, d'abord blâmant la nourriture, puis moi.

La mentalité de la victime peut se résumer par la phrase : "Regarde ce que tu me fais."

Profil complet page 239.

QUESTION À POSER :

En relation Vous êtes Plus ?

Questionneur [ ] Distant [ ] Intimidateur [ ] Victime [ ]

En conclusion, en explorant les quatre principales tactiques relationnelles du comportement humain - le Questionneur (agressif), le Distant (passif), l'Intimidateur (agressif) et la Victime (passif) - nous sommes conduits à une profonde réflexion sur notre propre identité et nos interactions avec le monde qui nous entoure.

La question qui se pose est : "En vous relationnant, vous vous identifiez davantage à l'un de ces types de comportement ?" Chacun de nous possède une combinaison unique de ces caractéristiques, mais il est possible qu'une d'entre elles résonne plus en nous que les autres.

En reconnaissant nos traits prédominants, nous avons l'opportunité précieuse de l'auto-découverte et de la croissance personnelle. Nous pouvons réfléchir à la manière dont ces comportements influent sur nos relations personnelles et professionnelles, ainsi que sur notre parcours individuel d'autoréflexion et de développement.

N'oublions pas que nous ne sommes pas limités à un seul comportement ; nous pouvons apprendre à adapter notre style d'interaction en fonction de différentes situations et contextes. L'important est de rester ouvert d'esprit, de chercher la compréhension de soi et, si nous le souhaitons, de chercher du soutien pour évoluer et améliorer nos compétences relationnelles.

En fin de compte, la connaissance de ces comportements offre une opportunité d'améliorer nos compétences interpersonnelles, de construire des relations plus saines et de grandir en tant qu'individus. Alors, en vous relationnant, quelle est votre marque prédominante ? Et comment pouvez-vous utiliser cette compréhension pour construire des connexions plus significatives et réussies dans votre vie ? La réponse à ces questions est un voyage de découverte de soi qui peut conduire à une vie plus riche et plus satisfaisante.

Comprendre la Transmission des Stratégies Comportementales dans la Famille

Dans cette étude, nous explorerons l'interaction des stratégies comportementales (voir la Figure n° 16), mettant en évidence l'influence continue de la loi de l'attraction entre les opposés. De plus, nous examinerons comment la maternité peut générer des enfants avec des tactiques opposées à celles des génitrices, éclairant le cliché selon lequel les hommes cherchent des partenaires similaires à leurs mères. En réalité, tant les hommes que les femmes ont tendance à créer un environnement familial avec des dynamiques similaires à celles vécues dans leurs propres cercles familiaux pendant leur croissance. Prenons, par exemple, le cas du mari "Distant", qui avait une mère aux tendances "Interrogateur". Lui, en raison de l'attraction des opposés, finit par être en relation avec une autre personne aux caractéristiques "Interrogateur".

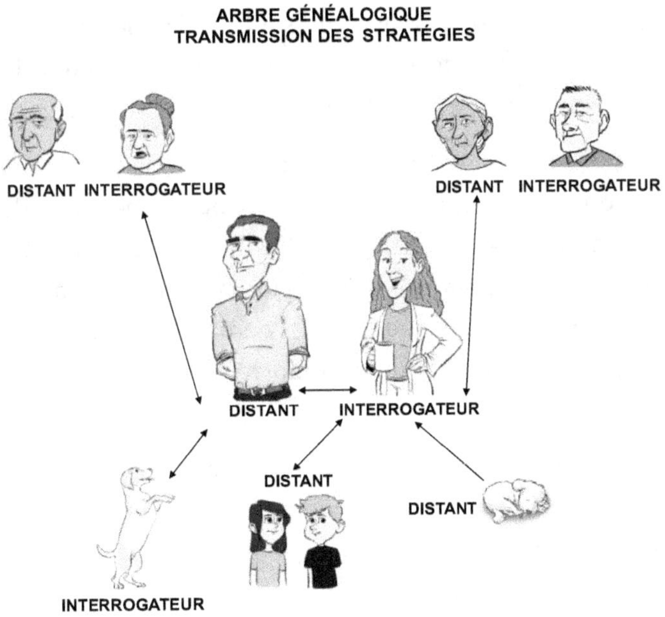

Figure n° 16

Cependant, il est important de noter que tout au long de la vie, des événements peuvent se produire pour modifier cette logique. Considérons le cas de mon amie, que nous appellerons Helena, qui présente un comportement "Questionneur". Suivant la logique, ses enfants devraient adopter des tactiques "Distantes", mais sa fille aînée a également développé un comportement "Questionneur", tandis que le fils manifestait un éloignement prononcé, répondant principalement par "oui" ou "non". Lorsque j'ai demandé ce qui s'était passé pendant la grossesse de la fille et quelle était la différence par rapport à la naissance du garçon, Helena a expliqué que, lorsque la fille est née, elle avait une boutique dans un centre commercial et passait 12 heures par jour à travailler, en plus d'avoir ouvert la boutique pendant la grossesse. Lorsque le garçon est né, Helena ne travaillait plus et passait la majeure partie de son temps à la maison, à s'occuper de lui.

Nous avons conclu que, même en étant "Questionneuse", Helena a dû détourner ses pensées du fœtus pour résoudre les problèmes de la boutique, en plus de ne pas être présente à la maison au cours des premières années de vie de la fille. Cela l'a amenée à développer une tactique "Questionneuse" pour attirer l'attention de sa mère.

J'ai suggéré à Helena que le lendemain, elle cesse de prêter attention à son fils (c'est-à-dire, qu'elle adopte une attitude distante envers lui) et commence à interroger sa fille. Le résultat a été surprenant : le garçon, qui parlait rarement, a passé toute la journée à raconter des histoires de l'école, tandis que la fille demandait instamment à être laissée tranquille, adoptant un comportement distant. Plus Helena pressait sa fille, plus celle-ci demandait à être laissée tranquille.

Cela démontre qu'en changeant notre stratégie comportementale, la personne avec laquelle nous interagissons adapte sa propre stratégie, car la stratégie qu'elle utilise au quotidien ne lui procure plus l'équilibre nécessaire dans les interactions.

Un autre changement se produit lorsque le deuxième enfant naît. Les parents et la famille redirigent généralement les interactions qui étaient auparavant destinées au premier enfant vers le nouveau-né. Cela force le premier enfant à développer de nouvelles stratégies, comme manifester de la jalousie et de l'envie, pour attirer l'attention des parents.

Avoir Plus de Deux Enfants

Dans la transmission des stratégies comportementales visant à maintenir un équilibre familial, il est recommandé d'avoir un adulte pour chaque enfant, permettant à chaque enfant de bénéficier de l'attention des deux parents. Lors de l'arrivée du troisième enfant, celui-ci a tendance à interagir, la plupart du temps, avec ses deux frères aînés, le père étant également distant et la mère, en raison de la troisième grossesse et de la présence des deux autres frères, pouvant détourner son attention du fœtus pour s'occuper de ses tâches. Cela pousse le troisième enfant à développer une stratégie pour attirer l'attention de la mère, surtout des deux frères avec lesquels il passera la plupart du temps. Généralement, le troisième enfant devient soit plus problématique (un type agressif) soit plus réservé (un type passif).

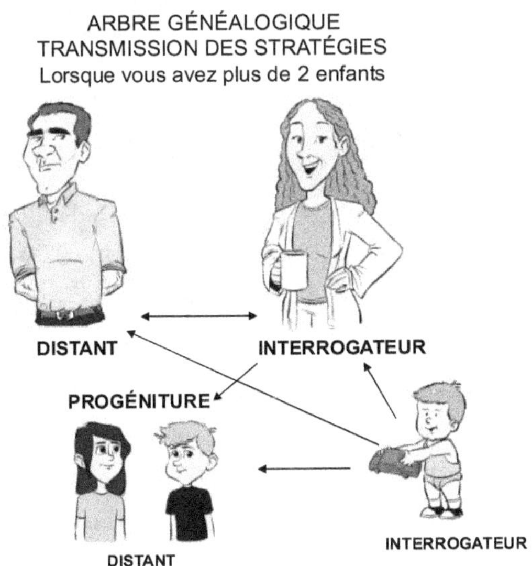

Figure nº 17

Les Interactions avec les Animaux de Compagnie

Dans l'arbre des interactions (voir page 106, Figure nº 16), nous observons que les chiens développent également des stratégies pour attirer l'attention de leurs propriétaires. Ils peuvent aboyer sans cesse ("Interrogateur"), se retirer pour s'isoler ("Distant"), montrer les dents de manière menaçante ("Intimidateur") ou reculer la queue entre les jambes ("Victime"). Il existe naturellement d'autres interactions possibles, mais nous vous laissons les découvrir.

Il est intéressant de noter que le comportement du chien d'une famille peut refléter les stratégies de la famille. Si le chien de la maîtresse de maison, que vous ne connaissez pas, saute sur vous quand vous arrivez ("Interrogateur"), cela suggère que le mari (principe opposé à la maîtresse, qui est "Distante") a une stratégie "Interrogateur". Cependant, nous ne devrions pas considérer cela comme une règle infaillible. J'ai un ami, Vinícius ("Interrogateur"), marié à Érica ("Distant"). Son berger allemand devrait être "Distant", mais, enfermé toute la journée (en raison de la peur d'Érica des chiens), il n'arrête pas d'aboyer ("Interrogateur"). Ainsi, le chien a dû développer la stratégie "Interrogateur" pour attirer l'attention des propriétaires.

Comment Inhiber les Tactiques

Nous constatons que, pour chaque stratégie comportementale, il existe une approche pour l'inhiber. Nous devons comprendre qu'au fil de notre enfance, nous apprenons à utiliser toutes ces stratégies. Après avoir développé la stratégie liée à la mère "Interrogateur" (comme dans l'exemple précédent), nous apprenons à adopter une stratégie opposée vis-à-vis du père ("Distant"). La loi de l'attraction entre les opposés continue d'influencer ce processus, et les deux stratégies restantes ("Intimidateur" et "Victime") peuvent être utilisées, mais avec moins d'efficacité, selon la situation.

La première stratégie que nous utilisons est la plus visible pour les autres, tandis que la seconde exerce une influence invisible sur la manière dont nous façonnons nos relations intrapersonnelles dans nos pensées.

Comprendre ce mécanisme et changer l'habitude négative pour une positive est essentiel. Par exemple, éliminez les pensées inutiles et superflues, telles que celles associées aux stratégies "Intimidateur", "Victime", "Interrogateur" ou "Distant", en les remplaçant par des pensées positives, de préférence liées à des objectifs personnels. En adoptant cette pratique, nous développons de nouvelles habitudes et, avec le temps, ces pensées négatives ont tendance à disparaître. Cependant, il est crucial d'être conscient qu'elles peuvent ressurgir, et, dans ces moments, nous devons les rejeter et rediriger nos pensées vers des pensées positives et constructives.

Le Sourire comme Outil de Communication

Le sourire joue un rôle crucial dans nos interactions interpersonnelles. Il facilite non seulement la communication, mais inhibe également les stratégies comportementales négatives. Sourire pendant les interactions montre que nous n'adoptons aucune stratégie mentionnée précédemment, rendant plus difficile pour les autres de critiquer, condamner, se plaindre ou juger quelqu'un qui nous sourit.

De plus, sourire consciemment peut avoir un impact positif sur notre état d'esprit. En souriant systématiquement, même lorsque nous ne sommes pas nécessairement heureux, notre cerveau s'ajuste à cet état de bonheur, inversant le processus naturel.

Le sourire est si puissant qu'il peut être perçu même au téléphone, rendant les conversations plus agréables et légères.

Comment les Tactiques Influencent notre Apparence Physique

L'utilisation de stratégies comportementales peut également influencer notre apparence physique. Par exemple, ceux qui adoptent les stratégies "Distant" ou "Victimes" ont tendance à être plus minces, tandis que ceux qui optent pour les stratégies "Intimidatrices" et "Questionneuses" peuvent sembler plus "forts" ou "robustes", car ils cherchent à attirer l'attention de différentes manières.

Figure nº 18

Cependant, il faut noter que la génétique et les habitudes quotidiennes jouent également un rôle important dans l'apparence physique de chaque individu.

Principe Important pour les Relations

Dale Carnegie nous propose quatre principes essentiels pour améliorer nos relations interpersonnelles : ne pas critiquer (éviter la stratégie "Interrogateur"), ne pas condamner (éviter la stratégie "Intimidateur"), ne pas se plaindre (éviter la stratégie "Victime") et ne pas juger (éviter la stratégie "Distant"). Ces principes sont directement liés aux stratégies comportementales discutées précédemment.

Un autre principe précieux de Carnegie est de montrer que vous êtes équilibré. Sourire pendant les interactions est une façon efficace de démontrer un équilibre émotionnel, rendant les relations plus harmonieuses.

Principe 4 :

Soyez un bon auditeur. Encouragez les autres à parler d'eux-mêmes.

Principe 5 :

Parlez de sujets qui intéressent l'autre personne.

Principe 6 :

Laissez l'autre personne parler pendant la majeure partie de la conversation.

Principe 7 :

Faites sentir à l'autre personne qu'elle est importante. Mais faites-le sincèrement.

Conclusion

En résumé, cette étude explore comment les stratégies comportementales sont transmises de génération en génération et comment elles affectent nos interactions interpersonnelles, notre communication et même notre apparence physique. Comprendre ces dynamiques peut nous aider à améliorer nos relations et à atteindre une communication plus efficace avec les autres. En appliquant des principes tels que le sourire et en évitant les stratégies comportementales négatives, nous pouvons promouvoir des relations plus saines et harmonieuses dans notre vie quotidienne.

Recherche

Le type de tactiques relationnelles que nous utilisons peut influencer notre choix de profession. Ci-dessous, nous présentons les résultats d'une enquête menée auprès d'environ 400 dentistes. Il est intéressant de noter que les résultats mettent clairement en évidence les Interrogateurs et les Distants comme les deux principales tactiques de cette profession.

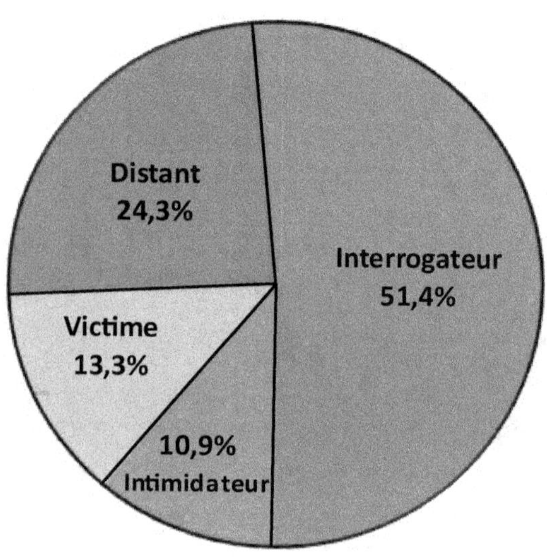

N'OUBLIEZ PAS

Deux types de relations

Agressifs

L'intimidateur

L'interrogateur

Passifs

Le distant

La victime

Selon le type d'interaction que la mère va utiliser par rapport au fœtus, celui-ci va répondre avec le type opposé à elle avec la même intensité.

Les contraires s'attirent

Montrez que vous êtes équilibré

Souriez

CHAPITRE 06

Comment Nous Communiquons

" A communication est la compétence la plus importante
que vous pouvez développer.
C'est la manière dont vous interagissez
avec le monde et avec les autres."

– Zig Ziglar

Vers le premier anniversaire, nous commençons à interagir avec les personnes autour de nous. La communication est un processus intrinsèque à notre existence, et son efficacité dépend largement des fréquences que nous utilisons. Comme discuté précédemment, dès la naissance, nous apportons avec nous des modes de pensée, des prises de décision et une organisation temporelle prédéfinie. De plus, nous développons des tactiques pour nos interactions dès le plus jeune âge.

Pour comprendre pleinement les facteurs qui influent sur notre communication et nos préférences personnelles, il est essentiel de se tourner vers les principes de la physique. Explorons comment la variation de fréquence dans l'univers façonne les références que nous utilisons pour communiquer et comment elle détermine nos interactions, influençant ainsi nos préférences personnelles et notre acquisition de connaissances.

La Plage Acoustique

Explorons maintenant la première plage vibratoire, connue sous le nom de plage acoustique. Imaginez une barre de fer positionnée dans un endroit complètement sombre, où cette barre sera la source de vibrations sonores à différentes fréquences. Commençons par imaginer que la barre de fer démarre ses vibrations avec un mouvement large et lent. Dans ce scénario, notre seule interaction possible avec la barre se ferait par le toucher, car l'obscurité nous priverait de la vue et aucun son audible ne serait émis.

Maintenant, à mesure que nous augmentons la fréquence vibratoire de la barre, elle atteint le point où elle commence à produire un son audible, caractérisé par une fréquence basse générant un son grave. Cependant, ce son reste encore inaudible pour nos oreilles humaines en raison de sa longueur d'onde relativement grande (voir la Figure 19).

Cette première plage vibratoire est associée au canal de communication appelé synesthésique, étroitement lié aux sensations tactiles et au mouvement. En augmentant la fréquence des vibrations de la barre, des sons audibles commencent à émerger, y compris des graves. À mesure que nous continuons à augmenter la fréquence, couvrant toute la gamme des sons audibles par l'homme, nous entrons dans la plage liée au canal de communication appelé auditif. Dans cette plage, la perception du mouvement de la barre devient presque imperceptible, notre attention étant principalement axée sur l'expérience auditive.

En réalité, si nous examinons la Figure nº 19, nous remarquerons que, à mesure que la vitesse augmente, la longueur d'onde diminue proportionnellement.

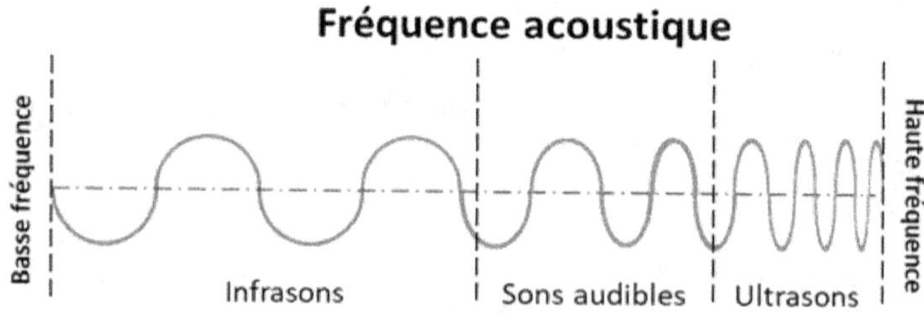

Figure nº 19

En continuant à augmenter la fréquence de vibration de notre barre de fer, le son disparaît progressivement, et la barre commence à chauffer jusqu'à atteindre le point maximum de la plage vibratoire dans la branche acoustique. À ce stade, la barre émet une lumière faible, bien qu'imperceptible. Cette plage est caractérisée par la capacité d'être détectée non plus par la vibration, mais par la chaleur qu'elle génère. Cette plage vibratoire est associée à la synesthésie. Ainsi, ces plages sont liées à ce qui peut être perçu dans l'obscurité, englobant à la fois les sensations tactiles dues au mouvement de la barre et la chaleur générée, au-delà de la portée de l'ouïe.

La Plage Optique

À partir de ce point, nous abandonnons ce que nous pouvons ressentir pour entrer dans la plage visible du spectre électromagnétique. Cette plage est directement liée à la propagation de la lumière et comprend toutes les fréquences correspondant aux sept couleurs de l'arc-en-ciel, perceptibles par nos yeux, ainsi que les rayons infrarouges et d'autres fréquences imperceptibles, tels que les rayons gamma et les rayons X. Dans cette plage, nous n'expérimentons plus de sensations tactiles ni auditives. Nous ne pouvons pas toucher, sentir ni entendre quoi que ce soit. Cette plage optique est intrinsèquement liée au canal de communication appelé visuel.

Les Ondes Cérébrales

Comme discuté dans le chapitre précédent sur les tactiques relationnelles, nos stratégies sont façonnées par les ondes cérébrales que nous émettons lorsque nous pensons. Bien que ces ondes soient perceptibles par le biais d'un électroencéphalogramme, contrairement à la lumière, elles ne sont pas visibles à l'œil nu et ne se déplacent pas rapidement. Cette plage vibratoire est associée au canal de communication appelé numérique ou digital.

Interprétation

En considérant que toutes ces plages sont le résultat des facteurs fondamentaux, à savoir la fréquence, le temps et la vitesse, que nous avons discutés au début de la première partie de cette étude, nous pouvons les catégoriser en quatre domaines distincts : deux caractérisés par des fréquences plus lentes (synesthésique et numérique) et les deux autres par des fréquences plus rapides (auditif et visuel). De plus, nous pouvons séparer ces domaines en deux groupes distincts : le groupe lié au monde visible, où nous pouvons voir et ressentir (toucher) (synesthésique et visuel), associé à l'interaction visible ; et le groupe lié au monde invisible ou perceptible (numérique et auditif), lié à l'interaction invisible.

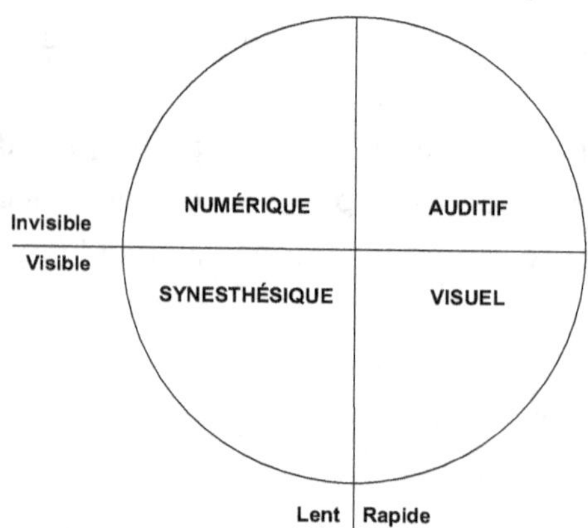

Figure nº 20

Les Trois Domaines de Communication

En réalité, la communication est une interaction complexe résultant de la combinaison de plusieurs facteurs.

La Parole

La parole n'est qu'une des façons dont nous communiquons, représentant simplement 7% de la communication totale. Les mots que nous choisissons d'utiliser sont façonnés par une série d'influences, y compris notre manière de penser, de prendre des décisions, d'organiser notre temps, nos préférences personnelles et les facteurs qui influent sur nos actions. À la fin de ce livre, vous trouverez des mots liés à chaque type de caractéristique discutée.

La Présentation de Notre Communication

En plus de la parole, la manière dont nous présentons notre communication joue un rôle significatif, représentant environ 35% de la communication totale. Cela englobe plusieurs aspects, tels que notre proximité par rapport à la personne avec laquelle nous parlons, si nous la touchons ou non, comment nous bougeons nos yeux pendant que nous réfléchissons et la façon dont nous modulons notre voix. Nous pouvons associer ces aspects de la manière suivante :

- Un ton grave et une hauteur basse sont liés au canal de communication synesthésique.
- Un ton et une hauteur moyens sont associés aux canaux auditif et numérique.
- Un ton aigu et une hauteur élevée sont liés au canal visuel.

La hauteur de la voix est également influencée par la manière dont nous nous rapportons, étant basse lorsque nous sommes passifs et élevée lorsque nous sommes plus agressifs. La vitesse de la voix est liée aux facteurs qui influent sur nos pensées, étant lente ou rapide en fonction de ces influences.

Les Canaux de Communication Perceptibles

Comme illustré dans la Figure nº 21, la communication non verbale est la partie la plus significative de la communication, représentant environ 58%. Elle englobe notre apparence, y compris les vêtements, les cheveux et l'hygiène personnelle, notre posture, nos expressions faciales et les mouvements des mains et du corps.

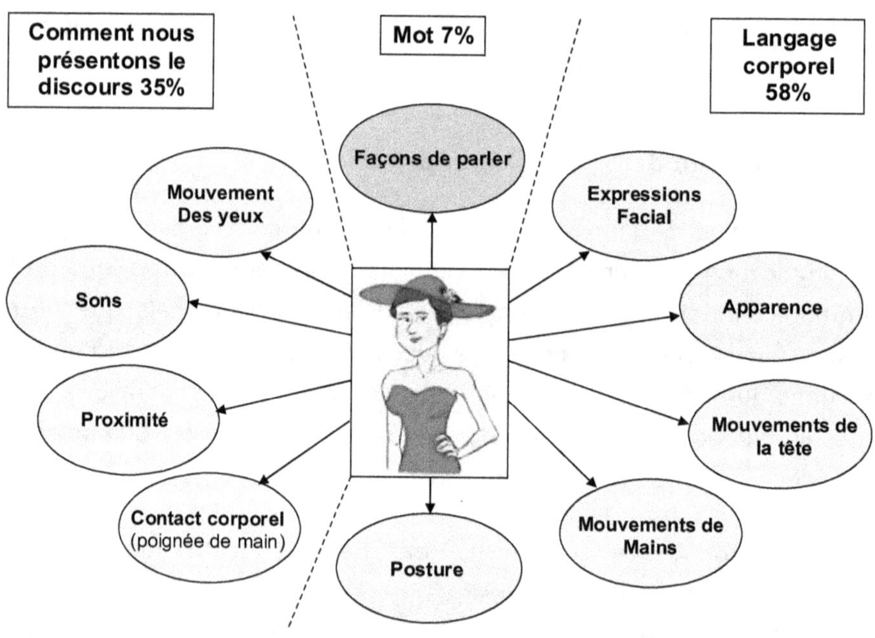

Figure nº 21

Il est important de noter que différents canaux de communication se manifestent de manière distincte à cet égard : les canaux synesthésiques sont très mobiles, tandis que les canaux auditif et numérique ont tendance à avoir des mouvements plus subtils, et les canaux visuels ont généralement peu de mouvements. Ce n'est pas un hasard si l'on entend souvent dire que la première impression est celle qui reste, car cette première impression est intrinsèquement liée aux sensations que notre apparence procure.

Les Canaux de Communication Perceptibles

Nous aborderons ses caractéristiques, ainsi que celles des trois autres canaux. Maintenant, explorons les caractéristiques associées à chacune des bandes vibratoires. Il convient de noter que, dans notre méthodologie, nous ne prendrons pas en compte le canal digital, car c'est le seul qui n'est pas directement perceptible et, par conséquent, difficile à reconnaître.

1. Le Synesthésique

Le profil synesthésique est facilement reconnaissable. Il suffit d'observer un groupe de personnes réunies autour d'une table et d'identifier ceux qui sont constamment en mouvement, changeant de position corporelle tout le temps, caressant les bras ou les jambes. Ils ont une tendance naturelle à toucher les choses et les gens et à aimer être touchés. Lorsqu'ils communiquent, ils gesticulent beaucoup, expriment leurs émotions avec des expressions faciales et des mouvements des mains, ayant tendance à dramatiser et à agir. Ces caractéristiques peuvent parfois tromper et faire croire qu'une personne introvertie est extravertie en raison de sa nature expressive.

Les synesthésiques préfèrent être physiquement proches des personnes avec lesquelles ils parlent et ont souvent un contact physique avec elles. Ils ont généralement une voix basse et grave et préfèrent les vêtements aux tons pastel. Ils se sentent à l'aise dans des environnements avec un éclairage indirect, comme des lampes ou des lumières encastrées, et ont une inclination à observer et à apprécier la texture douce et agréable au toucher des choses. Un exemple illustrant bien ce profil est un cas où j'ai photographié un enfant de deux ans, dont la mère n'avait apporté que des jouets doux pour la séance. Le choix de ces jouets laissait clairement entendre que la mère et la fille possédaient des caractéristiques synesthésiques.

Les synesthésiques ont tendance à avoir besoin d'écrire et de répéter plusieurs fois un exercice pour le mémoriser, ce qui peut rendre le processus d'apprentissage plus lent. Il suffit de jeter un coup d'œil au bureau d'un synesthésique pour trouver plusieurs morceaux de papier avec des notes éparpillées. Ils ont également tendance à laisser les choses en désordre et désorganisées, bien qu'ils sachent exactement où chaque objet est situé.

Une difficulté rencontrée par les synesthésiques est de ne pas se souvenir du nom des personnes ni de leur visage, car ils font plus confiance aux sensations tactiles, olfactives et gustatives et aux émotions pour nourrir leurs souvenirs. En raison de leur nature moins liée à la vision, les synesthésiques ont tendance à regarder davantage le sol en marchant. Il est assez courant de trouver des synesthésiques dans des professions qui nécessitent l'utilisation des mains pour le travail, tels que les mécaniciens, les menuisiers, les dentistes et les chirurgiens.

Regard du Synesthésique en Pensant

Un fait intéressant est que, lorsque nous cherchons des informations dans une zone de notre cerveau, que ce soit pour inventer quelque chose de nouveau ou pour nous souvenir de quelque chose déjà appris, nos yeux se déplacent vers une position qui correspond à ce que nous cherchons. Cette information est pertinente, car lorsque nous percevons ce mouvement oculaire, nous pouvons déterminer quel canal de communication la personne utilise. Dans le cas des synesthésiques, leurs yeux s'orientent vers le bas et vers la droite (voir le dessin). Parfois, ils ferment également les yeux, car ils recherchent des sensations et des émotions. Profil complet page 243.

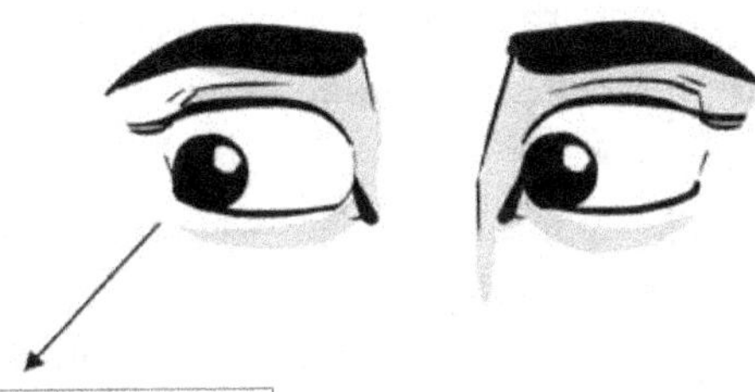

2. L'Auditif

À mesure que nous augmentons la fréquence de vibration de la barre de fer, nous commençons à percevoir un son clair. À ce moment-là, nous entrons dans la plage audible de la branche acoustique. En accélérant davantage, le son disparaît soudainement de notre audition. Cette plage de vibration caractérise les Auditifs. Ils peuvent percevoir clairement les sons et même une légère vibration en touchant la barre, même lorsque le son n'est plus audible.

Cette faible vibration est liée aux caractéristiques des Auditifs, qui ont tendance à être moins actifs et plus réservés. Une autre sensation que nous pouvons associer est que la barre de fer est froide, ce qui correspond à la tendance des Auditifs à être moins chaleureux et réceptifs. Les personnes de ce profil ont une forte affinité avec la musique et préfèrent les environnements silencieux pour étudier. Elles se souviennent facilement des noms des personnes, sont douées pour reproduire des sons d'instruments de musique et ont une affinité particulière avec la musique. Dans le processus d'apprentissage, les Auditifs bénéficient de prêter attention à ce que dit le professeur, car cela les aide à retenir le sujet abordé en classe. Pour se sentir aimés, ils apprécient les déclarations verbales d'affection. Par exemple, un petit ami exprimant son amour verbalement en disant "Je t'aime" est très significatif pour eux.

Regard de l'Auditif en pensant

Tout comme les synesthésiques, les Auditifs présentent également des caractéristiques visibles dans leur regard, indiquant le canal de communication qu'ils utilisent. Lorsque leurs yeux se déplacent vers la droite, ils sont engagés dans des activités constructives, comme imaginer des sons jamais entendus ou même imaginer la voix de quelqu'un.

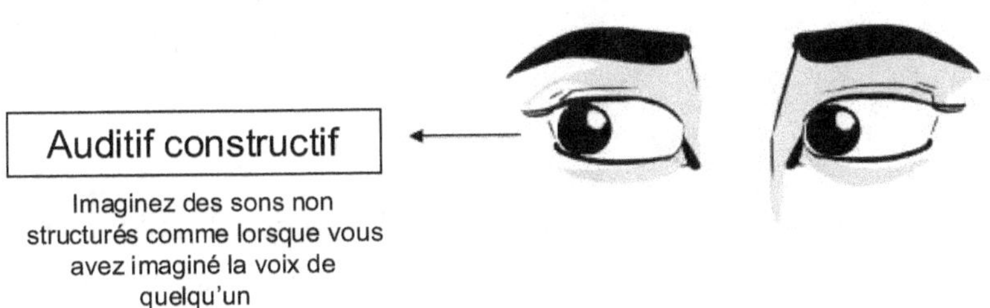

Lorsque leurs yeux se tournent vers la gauche, ils accèdent à leurs souvenirs, comme se rappeler une chanson connue.

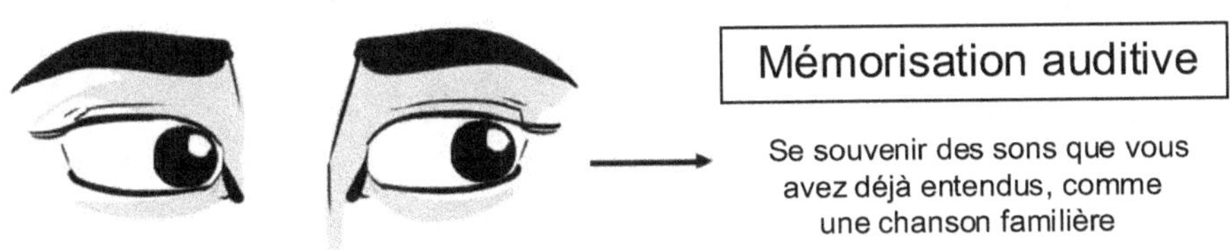

Lorsque leurs yeux descendent vers la gauche, ils sont engagés dans un dialogue interne, réfléchissant à des activités futures, par exemple, ce qu'ils feront pendant les prochaines vacances.

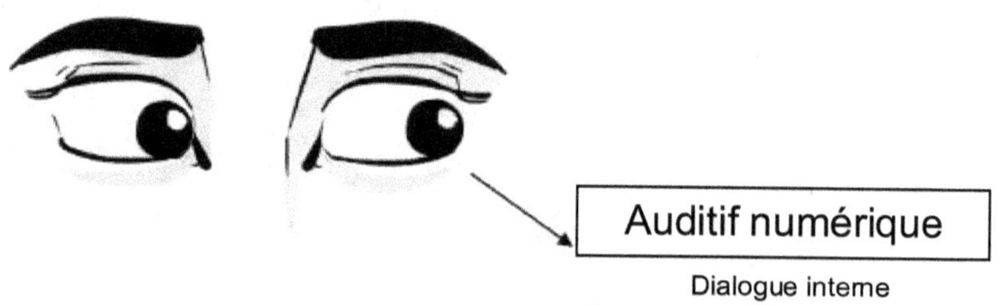

Dialogue interne
Pensez à ce que vous ferez lors des prochaines ferias

Cette compréhension du processus de regard est utile, car lorsque nous voyons quelqu'un regarder à droite, nous savons qu'il invente peut-être ou n'est peut-être pas complètement sincère. Un exemple de cela peut être observé lorsque des politiciens répondent à des questions délicates.

Profil complet page 244.

3. Le Visuel

Maintenant, nous entrons dans le domaine optique lié à la vision. Les personnes ayant ce profil de communication apprécient les environnements bien éclairés, tels que des espaces organisés avec de grandes fenêtres et une lumière naturelle. Elles ont une préférence pour les couleurs vives et se concentrent sur les aspects visuels des objets. Contrairement aux synesthésiques, elles n'ont pas le désir de toucher ou d'être touchées. Elles se sentent à l'aise lorsqu'elles peuvent voir la personne avec qui elles interagissent dans son intégralité, en maintenant une distance appropriée.

Ce sont des personnes qui restent plus statiques et se souviennent facilement de tout ce qu'elles voient, grâce à leur mémoire visuelle très développée. Pour elles, une preuve visuelle d'amour est particulièrement significative. Par exemple, un petit ami apportant une rose est un geste qui représente l'amour pour elles.

Regard du Visuel en pensant

En ce qui concerne le regard, les Visuels suivent des règles similaires aux synesthésiques et auditifs. Cependant, les yeux sont dirigés vers le haut, ce qui reflète leur accent sur la construction visuelle d'images mentales. Une caractéristique visuelle fréquemment observée est l'exposition du blanc des yeux sous la pupille lorsqu'ils regardent directement quelque chose.

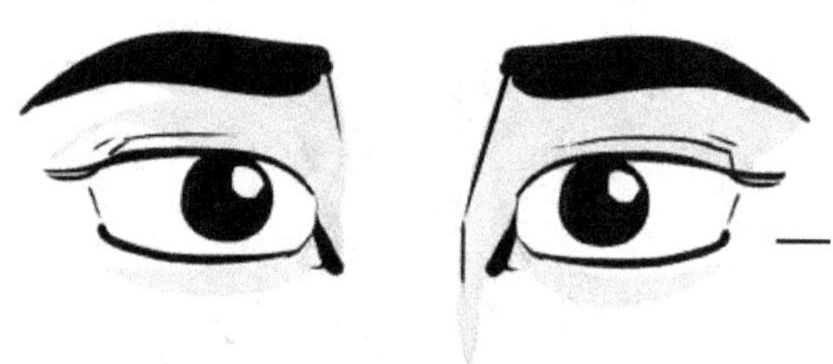

Lorsque leurs yeux se dirigent vers le côté, en haut et à gauche, ils montrent que la personne est dans la zone cérébrale de ses souvenirs.

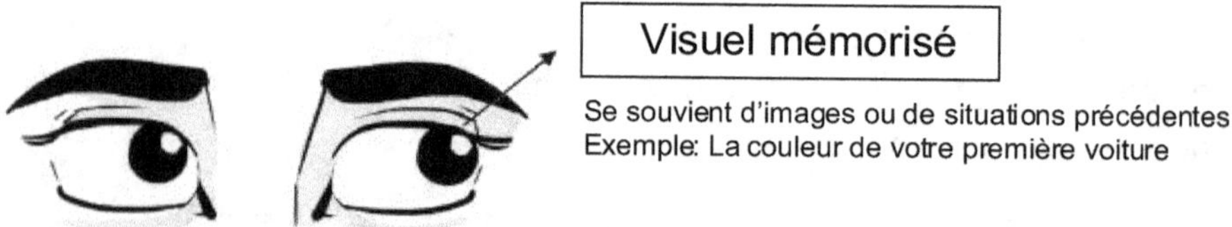

Lorsqu'elle place les pupilles du côté supérieur et droit, elle utilise la partie constructive du cerveau, c'est-à-dire, elle invente.

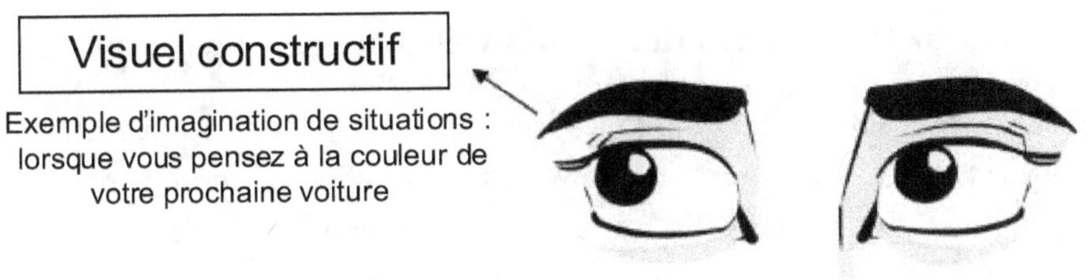

Profil complet page 245.

4. Le Digital

Como podemos observar na figura número 20 da página 124, o perfil digital está ligado à área analítica, compartilhando características semelhantes. As pessoas com esse perfil são lógicas e objetivas, mas não possuem um sistema de referência fixo; elas se adaptam à situação.

Regard du Digital en pensant

Le regard de la personne digitale est dirigé vers le bas et à gauche.

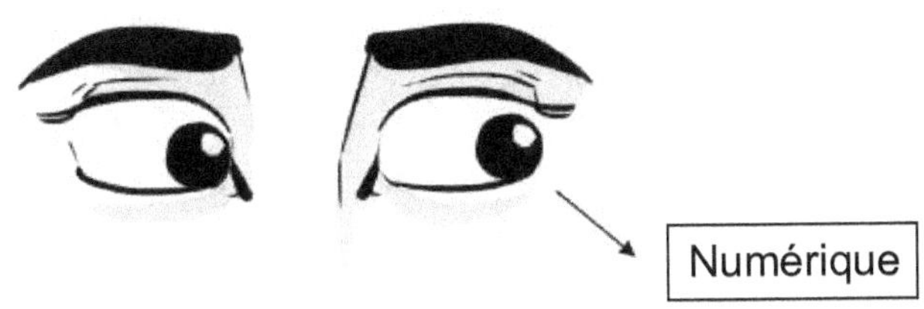

Regardez vers le bas à droite
Exemple lors de l'évaluation de la valeur de l'achat

I est cependant important de noter que le profil digital est moins évident dans sa manifestation et, par conséquent, peut être plus difficile à identifier.

Profil complet page 246.

Canaux de Communication : Compréhension et Développement

Les canaux de communication sont les outils que nous utilisons pour absorber des informations et interagir avec le monde qui nous entoure. Comprendre ces canaux et comment ils affectent notre apprentissage et notre communication est fondamental. Dans ce texte, nous explorons les différents canaux de communication et comment nous pouvons les développer.

Canaux de Communication : Une Vue d'Ensemble

Comprendre que chaque personne se concentre davantage sur un canal que sur d'autres est essentiel pour améliorer la communication et l'apprentissage. Nous pouvons commencer en posant quelques questions :

Vous vous souvenez de quoi ?

Les canaux de communication sont des facettes essentielles de notre interaction avec le monde. Chaque personne a sa propre manière de percevoir et de transmettre des informations, et comprendre ces canaux peut être essentiel pour une communication efficace et un apprentissage plus enrichissant. Dans ce texte, nous explorons les différents canaux de communication, comment ils se développent dès l'enfance et comment nous pouvons les perfectionner.

Transmission des Canaux

Depuis le début de ce chapitre, nous avons souligné que les canaux de communication sont associés à des bandes vibratoires distinctes, chacune avec des caractéristiques uniques. Lorsqu'un enfant approche de sa première année de vie, il commence à exprimer le désir de communiquer, c'est-à-dire de parler. À ce moment-là, il doit choisir l'un de ces canaux disponibles dans la nature. Normalement, l'enfant cherchera à accorder sa fréquence vocale à celle d'une personne autour de lui, généralement du sexe opposé. Cela se produit selon la Loi de l'Attraction des Opposés.

On peut imaginer une situation où l'enfant est élevé par des tiers. Dans ce cas, il ajustera sa fréquence vocale à celle de la personne avec laquelle il interagit le plus. Il est important de noter que même si quelqu'un est principalement auditif, cela ne signifie pas qu'il ne verra pas ou ne ressentira pas. Cependant, il y a une hiérarchie dans la façon dont ces canaux sont utilisés.

Par exemple, un garçon qui commence à communiquer avec sa mère devra, à un moment donné, communiquer également avec son père. Il est probable que le père ait un canal de communication opposé à celui de la mère, en raison de l'attraction naturelle entre les types de pensées opposés. Cela illustre comment les gens sont attirés par des canaux de communication opposés, mais dans la même zone d'interaction - qu'elle soit visible, comme synesthésique/visuelle, ou invisible, comme auditive/numérique ou auditive.

Dans mon expérience de 14 ans à travailler avec des personnes sur le point de se marier, il est courant de trouver des couples synesthésiques/visuels ou, comme j'aime les appeler, "chanceux", qui sont auditifs/auditifs ou digital.

Développer les Canaux

Les canaux de communication sont l'outil que nous utilisons pour communiquer et apprendre, car c'est par la communication que nous recevons des informations. Nous pouvons clairement observer comment ces canaux se développent en observant des personnes aveugles, qui, en l'absence du canal de la vision, développent de manière prononcée le canal de l'ouïe et de la synesthésie (sens et toucher).

Pour aider nos enfants à développer ces canaux, il est recommandé de fournir des stimuli liés aux trois principaux canaux dans leur environnement, dès la petite enfance. Cela peut être réalisé en disposant des objets avec différentes textures, comme le plastique, le bois et des tissus doux dans des tons pastel. De plus, des jouets éducatifs impliquant le montage, le démontage et la modification peuvent stimuler le côté synesthésique. L'installation de lumières directes est bénéfique pour le développement du canal visuel. Enfin, l'introduction de musique dans la chambre peut influencer positivement le canal auditif.

Influence des Canaux

Chaque canal de communication est lié à une vibration spécifique, et pour mémoriser des informations, nous devons les stocker à travers le canal que nous utilisons principalement.

Cela signifie que les personnes qui ont un canal synesthésique, caractérisé par une vibration lente, ont besoin de plus de temps pour apprendre. Elles ont tendance à répéter plusieurs fois, à écrire et à schématiser les informations pour les mémoriser. Cela les rend bons pour créer des structures, mais lents dans l'apprentissage.

D'autre part, ceux qui ont un canal visuel absorbent rapidement les informations en les regardant simplement. Les auditifs, quant à eux, apprennent facilement en écoutant attentivement. Il est essentiel de comprendre ces caractéristiques, car la réponse à la question de savoir si quelqu'un est rapide ou lent dépend de ces nuances. Une personne peut avoir une pensée rapide mais un canal de communication lent, comme le synesthésique. Ou, à l'inverse, elle peut avoir une pensée lente mais des canaux de communication rapides, comme les auditifs et visuels.

Recherche

Le type de canal de communication que nous utilisons peut influencer notre choix de profession. Ci-dessous, nous présentons les résultats d'une enquête menée auprès d'environ 400 dentistes. Il est intéressant de noter que les résultats mettent clairement en évidence la synesthésie et la vision comme les deux canaux principaux de cette profession.

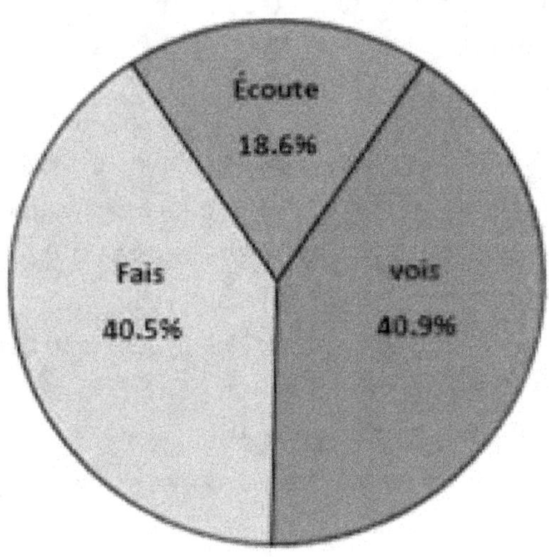

EXERCICE DE PERCEPTION

Pour améliorer nos canaux de communication, nous pouvons effectuer des exercices de perception.

- **Canal Visuel :** Pour développer le canal visuel, réservez quelques minutes pour vous concentrer sur un objet, en prêtant attention à chaque détail, sans détourner votre pensée.

- **Canal Auditif :** Pour améliorer la perception auditive, écoutez de la musique instrumentale et concentrez-vous sur l'identification d'un instrument spécifique. Essayez de vous concentrer sur chaque instrument individuellement.

- **Canal Sensoriel (Synesthésique) :** Il existe trois types d'exercices pour ce canal. Tout d'abord, améliorez le toucher en imaginant des objets, puis essayez de sentir leurs textures les yeux fermés. Deuxièmement, essayez d'identifier des odeurs distinctes, comme le fromage, la pomme, l'alcool et le vinaigre, de manière isolée pendant trois minutes chacune. Enfin, travaillez sur le canal gustatif, en savourant des aliments pour percevoir leur texture et leur goût, en les répartissant dans toute la bouche tout en mâchant.

EXERCICE D'ÉMISSION

Abordons maintenant les exercices d'émission, qui aident à transmettre des informations de manière efficace :

- Dessinez mentalement des formes abstraites avec le bout du doigt sur une feuille blanche et essayez de les maintenir en mémoire le plus longtemps possible.
- Placez cinq objets sur une table et modifiez mentalement leur disposition trois fois, en essayant de reproduire l'ordre des changements.

- Imaginez un objet pendant trois minutes. Faites une marque à chaque fois que votre esprit se distrait. Répétez cela avec d'autres objets.

- Visualisez votre propre image séparée de votre corps, observant vos mouvements et expressions faciales.

- Fixez vos yeux sur le point noir du dessin jusqu'à ce que les cercles externes deviennent invisibles.

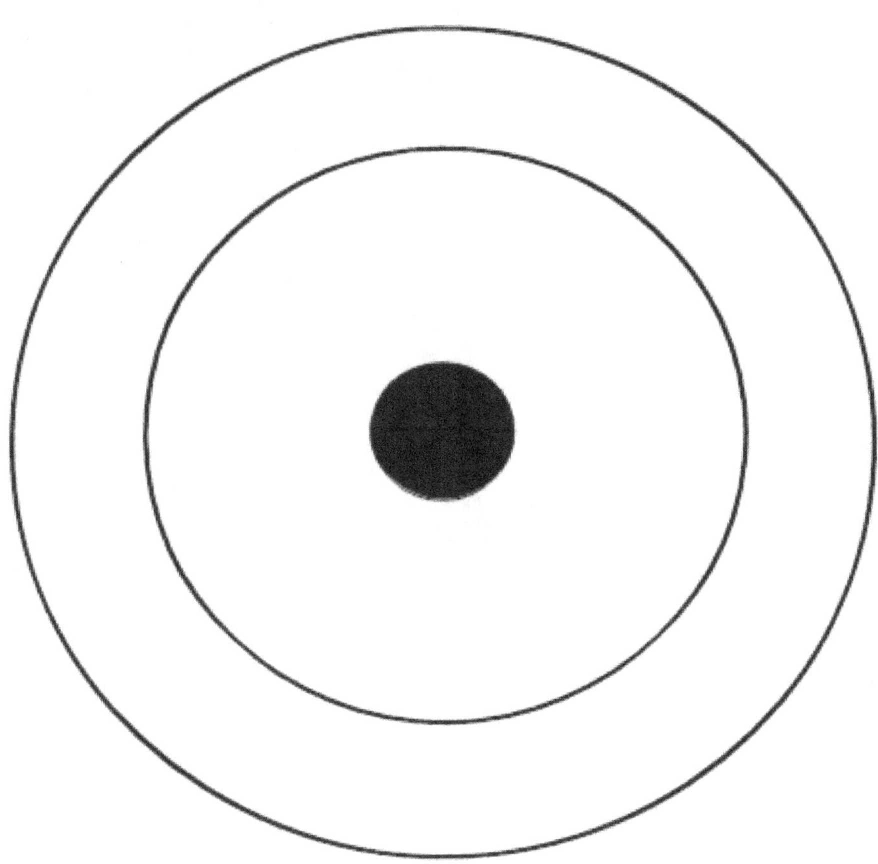

Conclusions

Développer nos canaux de communication est essentiel pour une vie plus riche et une compréhension plus profonde du monde qui nous entoure. En comprenant et en améliorant consciemment ces canaux, nous pouvons améliorer notre communication et notre capacité à apprendre et à interagir avec les autres de manière plus efficace. Par conséquent, n'oubliez jamais de pratiquer ces exercices de perception et d'émission, aussi simples qu'ils puissent paraître, car ils sont fondamentaux pour notre développement intellectuel.

N'OUBLIEZ PAS

Les trois domaines de communication

La parole

représente 7% de la communication

La façon dont nous présentons notre communication

représente 35%

La communication non verbale

représente 58% et est liée à notre apparence

(Vêtements, cheveux et hygiène)

Les trois canaux de communication perceptibles

Le synesthésique

L'auditif

Le visuel

Les contraires s'attirent

CHAPITRE 07

Ce qui Influence nos Actions

En observant tout phénomène, nous percevons que l'univers s'exprime à travers des schémas récurrents. Ces rythmes et ces cycles sont présents dans les étoiles, les plantes, les êtres humains et dans tout ce qui nous entoure.

Après avoir compris comment nous pensons, nous nous relions et nous communiquons, il est important de reconnaître que, depuis l'Antiquité, l'être humain a cherché un langage pour traduire ces mêmes schémas cosmiques. C'est ainsi qu'est née l'astrologie : non pas comme une superstition, mais comme une forme symbolique destinée à représenter l'interaction entre les forces visibles et invisibles qui influencent les cycles de la vie.

Dans la figure n° 22 ci-dessous, nous pouvons visualiser les résultats présentés jusqu'ici, fruits de l'interaction entre les éléments tangibles et intangibles, en tenant compte également de la vitesse et des gammes vibratoires abordées au chapitre précédent.

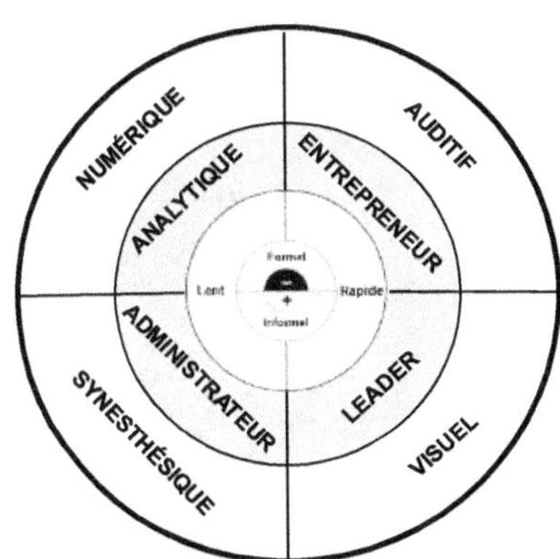

Figura nº 22

Les Quatre Éléments

L'astrologie attribue à chaque signe du zodiaque l'un des quatre éléments : Feu, Air, Eau et Terre. Ces éléments influencent les caractéristiques des signes, suivant une logique cohérente. Voir la figure nº 23.

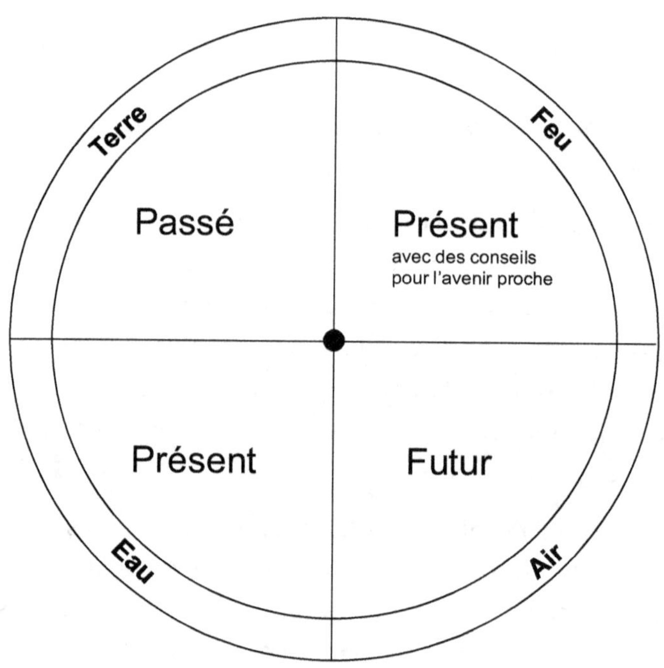

Figure nº 23

Profil complet de la page : 249 (Feu et Terre), 250 (Air et Eau)

Les Qualités

L'astrologie catégorise également les signes en trois "qualités" : Cardinaux, Fixes et Mutables. Chacun de ces groupes a des caractéristiques distinctes représentant les trois phases (Début, milieu et fin) du déplacement de la particule, qui se répètent pour chacun des éléments. Dans la figure nº 24 ci-dessous, vous pouvez visualiser comment ces caractéristiques se manifestent tout au long d'un cycle.

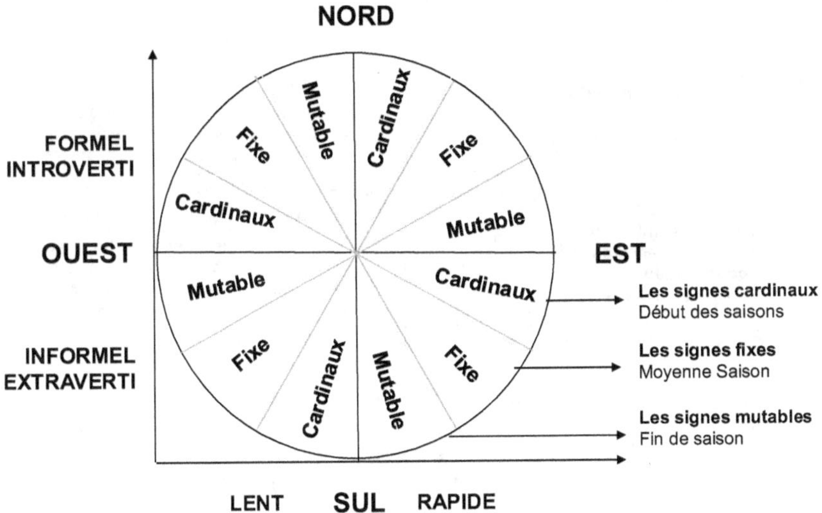

. Figure nº 24

Maintenant, explorons les principales caractéristiques de chacune de ces "qualités."

Les Qualités

- **Cardinaux :** Ils sont associés au début des saisons, représentant l'énergie du leadership, de l'initiative et du pionnier. Ils sont au début d'un voyage astrologique et ont tendance à être visionnaires et déterminés.

- **Fixes :** Correspondent au sommet d'une saison, représentant la stabilité, l'obstination et la concentration. Ils maintiennent ce qui a été initié par les signes cardinaux et sont connus pour leur cohérence.

- **Mutables** : Indiquent la transition entre les saisons, représentant la flexibilité, l'adaptabilité et la polyvalence. Ils préparent le terrain pour la prochaine saison et sont connus pour leur capacité à s'ajuster aux changements.

Caractéristiques des Qualités

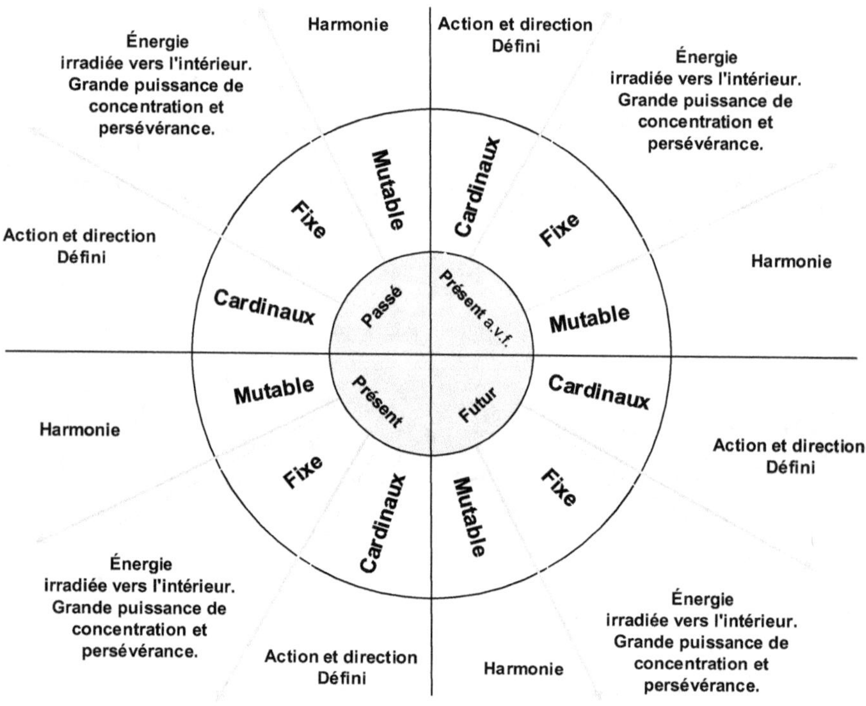

Figure nº 25

Références temporelles pour les Qualités

Les qualités cardinales marquent le début de chaque saison, les fixes correspondent à l'apogée de la saison et les mutables indiquent la transition vers la saison suivante.

Référence temporelle

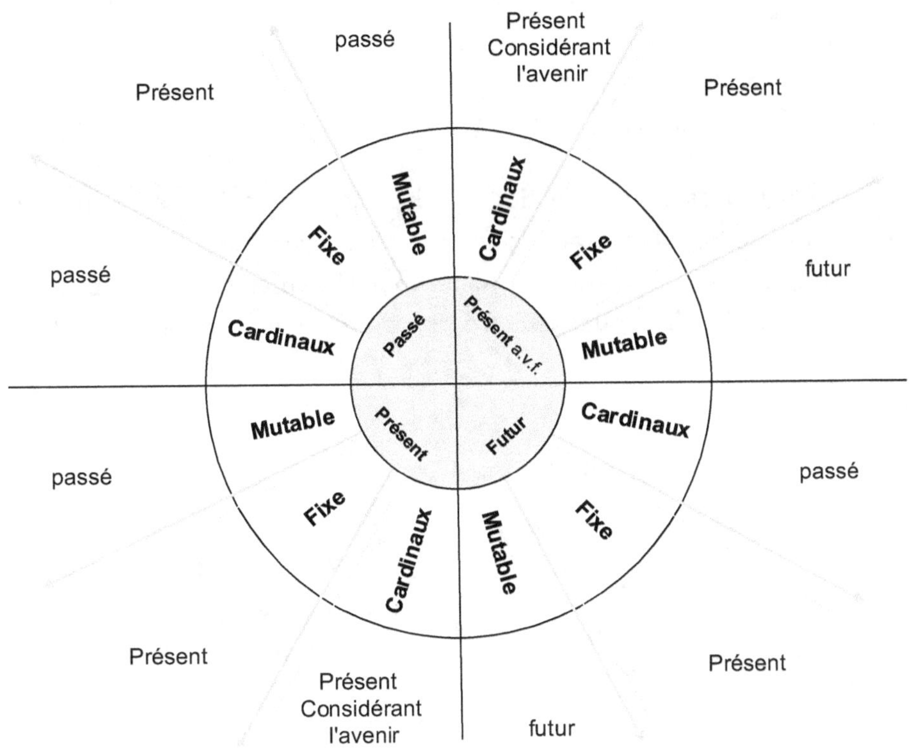

Conclusion

Dans ce texte, nous avons exploré comment l'astrologie attribue des éléments et des qualités à chaque signe, influençant leurs caractéristiques et comportements. Comprendre ces concepts peut fournir des aperçus précieux sur la manière dont les positions astrologiques peuvent influencer nos actions et notre personnalité.

LES SIGNES

Maintenant, plaçons chaque signe à sa place respective en fonction de son élément et de sa qualité.

Attraction et répulsion des signes :

Le processus d'attraction et de répulsion entre les signes se poursuit en suivant la même logique que nous avons présentée depuis le début. Chaque signe aura comme signe complémentaire et signe opposé à lui en fonction de la séquence par date, comme le montre la figure nº 26 ci-dessous :

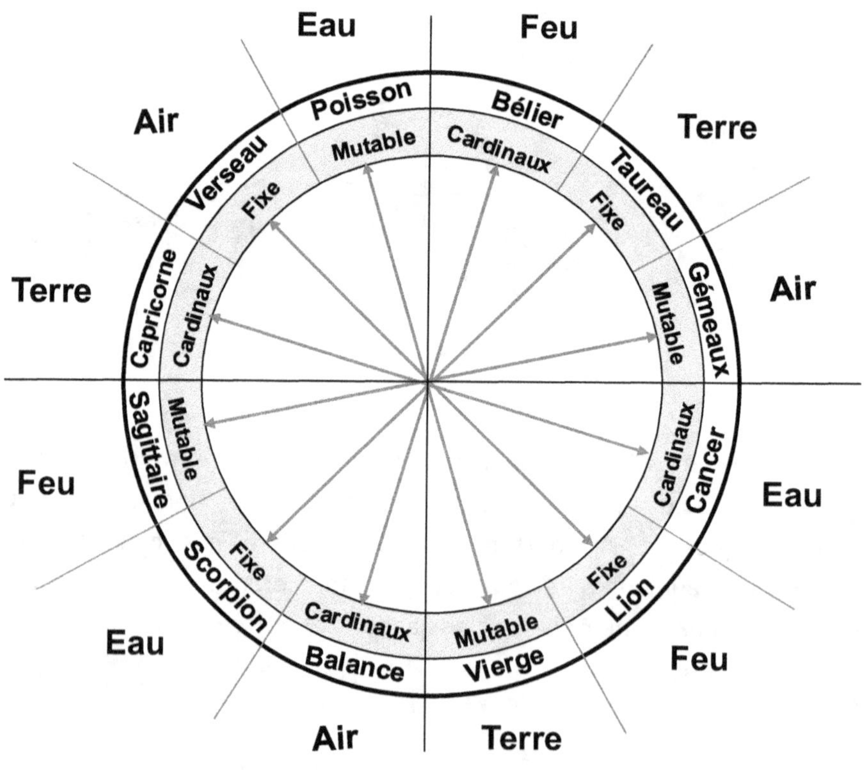

. Figure nº 26

Par conséquent, l'attraction entre les opposés se produira comme suit :

- Bélier (Feu) avec Balance (Air)

- Taureau (Terre) avec Scorpion (Eau)

- Gémeaux (Air) avec Sagittaire (Feu)

- Cancer (Eau) avec Capricorne (Terre)

- Lion (Feu) avec Verseau (Air)

- Vierge (Terre) avec Poissons (Eau)

En observant le résultat, nous constatons que l'équilibre est naturellement atteint lorsque l'Air interagit avec le Feu, tandis que la Terre interagit avec l'Eau. Nous pouvons conclure qu'il existe deux couples : Feu / Air et Terre / Eau. En principe, la logique est simple.

Chaque signe s'harmonise et aura une bonne coexistence avec ceux du même élément (par exemple, Bélier avec Lion et Sagittaire), de même que le feu avec le feu et l'air avec l'air, comme illustré dans la figure nº 27.

Après cette étape, il y aura une affinité avec les signes de l'élément avec lequel il interagit le plus (Feu / Air ou Terre / Eau). Le Feu a besoin de l'Air pour exister, tandis que la Terre a besoin de l'Eau pour se fertiliser et devenir malléable, et l'Eau a besoin de la Terre pour rester stable. Les relations se compliquent lorsque les éléments interagissent avec l'un des éléments de l'autre couple, car l'eau éteint le feu et la terre étouffe l'air et le feu, comme nous l'avons vu précédemment en ce qui concerne les interactions entre les opposés et les difficultés relationnelles. Cette difficulté augmentera initialement avec le moins opposé (Feu / Terre ou Eau / Air), tandis que la pire relation se produira avec l'élément directement opposé (Feu / Eau ou Terre / Air).

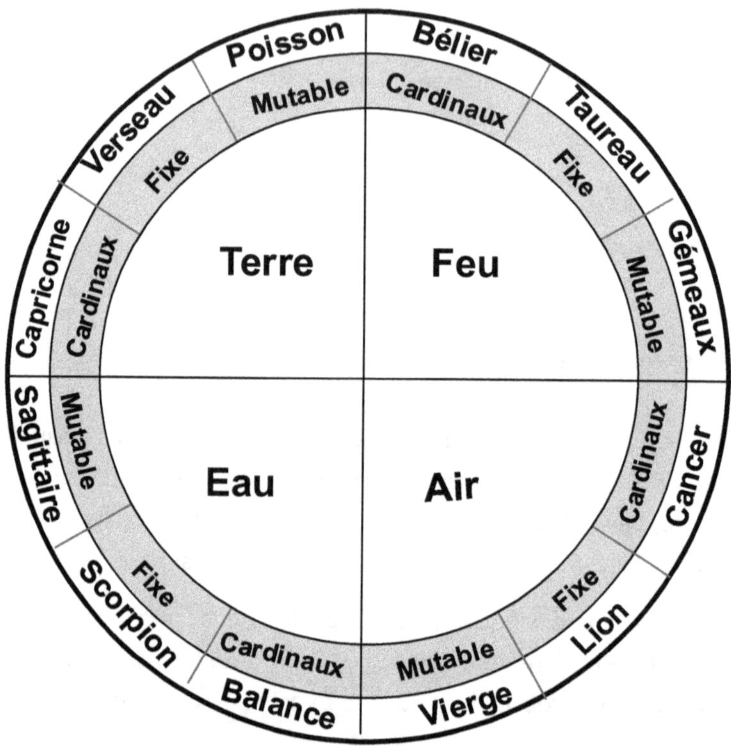

Figure nº 27

Question à poser : Comment ces dynamiques élémentaires affectent-elles les relations réelles ? Examinons des exemples pratiques pour obtenir une compréhension plus approfondie.

Exemples pratiques

Imaginez un couple composé d'un Bélier (Feu) et d'une Balance (Air). Le Bélier est connu pour sa nature ardente et impulsive, tandis que la Balance est plus équilibrée et diplomatique. Dans cette relation, le Bélier peut apporter passion et enthousiasme, tandis que la Balance contribue à l'harmonie et à la capacité de trouver des solutions équitables aux désaccords.

D'autre part, considérez un Taureau (Terre) et un Scorpion (Eau). Le Taureau valorise la stabilité et la sécurité, tandis que le Scorpion est intense et émotionnel. Ces différences peuvent entraîner des défis, mais aussi une complémentarité. Le Taureau offre une stabilité au Scorpion, tandis que le Scorpion peut aider le Taureau à se connecter plus profondément avec ses émotions.

Ce ne sont là que quelques exemples de la manière dont les dynamiques élémentaires peuvent se manifester dans des relations réelles. Chaque combinaison de signes apportera ses propres nuances et défis, mais comprendre les caractéristiques élémentaires sous-jacentes peut fournir des aperçus précieux pour la compréhension des relations.

Conclusion

Dans ce texte, nous avons exploré comment les signes du zodiaque sont influencés par leurs éléments et qualités, affectant leurs interactions et attractions mutuelles. L'astrologie offre une perspective fascinante pour examiner les relations humaines, soulignant l'importance de trouver l'équilibre et la complémentarité. Alors que nous continuons à explorer les complexités de l'astrologie, nous rappelons que les étoiles peuvent offrir des orientations, mais ce sont les individus qui façonnent leurs propres destins dans les relations.

Quel est votre signe ?
Quelle est votre date de naissance ?

Profil complet des signes page : 254 (Feu), 255 (Terre), 256 (Air) et 257 (Eau)

N'OUBLIEZ PAS

Quatre éléments

Le Feu

Est lié à la zone du présent orienté vers un objectif proche

La Terre

Est liée à la zone du passé

L'Air

Est lié à la zone du futur

L'Eau

Est liée à la zone du présent

Trois qualités

Les Signes Cardinaux : début des saisons

Les Signes Fixes : mi-saison

Les signes Mutables : fin des saisons

Les opposés s'attirent

CHAPITRE 08

Résultat

" La vraie compréhension des personnes nécessite

la considération de toutes les zones
de leurs vies."

– Carl Jung

Dans les prochaines pages, nous verrons la construction finale des interactions dans leur totalité, en considérant toutes les zones ensemble. Jusqu'à présent, nous avons examiné chaque zone séparément : ce qui influence nos pensées, nos tactiques relationnelles, notre canal de communication et nos actions, influencées par notre date de naissance. Toutes ces analyses découlent de la même origine : l'électron tournant autour de son noyau. Cette section du livre nous aidera à créer une carte complète de ces interactions.

Nous ne devons pas oublier que l'équilibre est atteint lorsque la somme des interactions est égale à zéro. Tout en dressant cette carte, il est important de prêter attention au principe des interactions opposées, qui visent à s'annuler. Le résultat fournira une vision complète des caractéristiques présentes chez les personnes. Cependant, comme discuté précédemment, chaque personne développera une partie de ces caractéristiques.

Tout est énergie

Tout d'abord, nous commencerons par l'énergie, que nous savons avoir un aspect positif, négatif ou neutre.

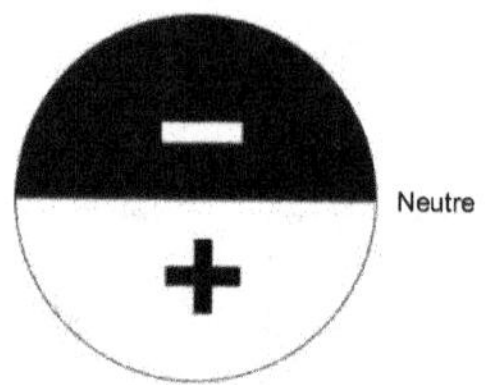

Deux esprits

Maintenant, associons notre énergie aux caractéristiques de nos deux esprits : l'esprit rationnel (formel) et l'esprit émotionnel (informel).

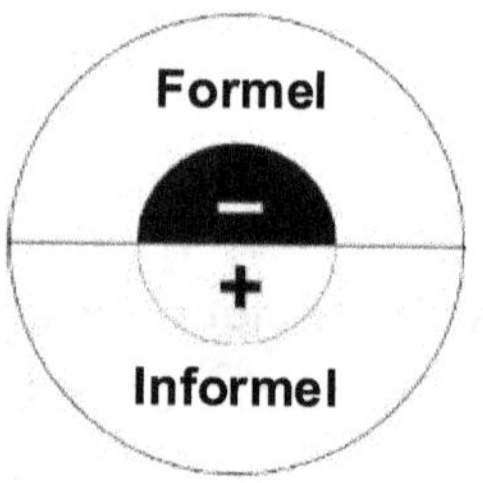

Lent ou rapide

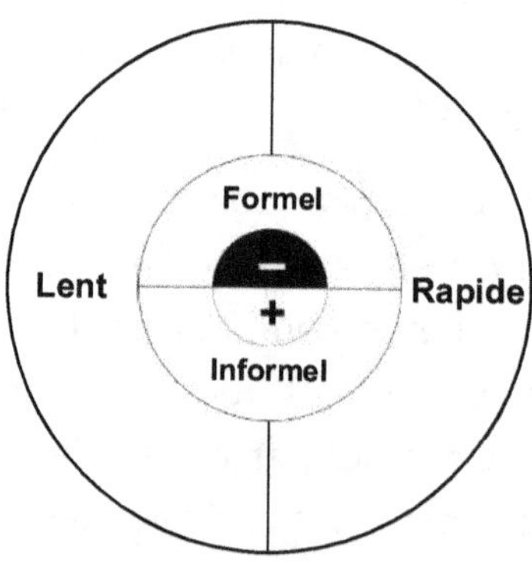

Résultats des interactions

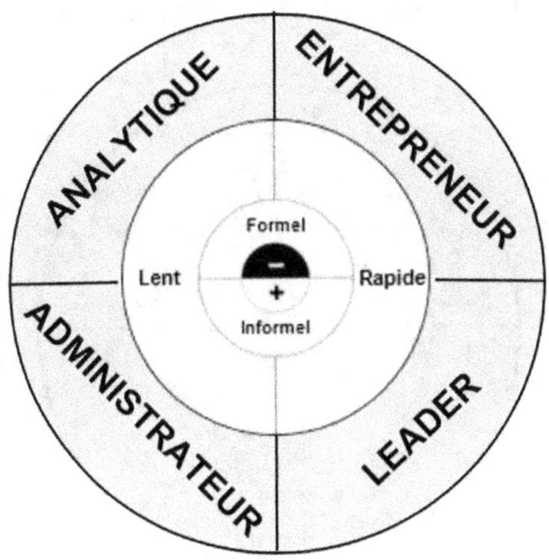

Logique ou valeurs personnelles

Ensuite, considérons comment nous prenons des décisions.

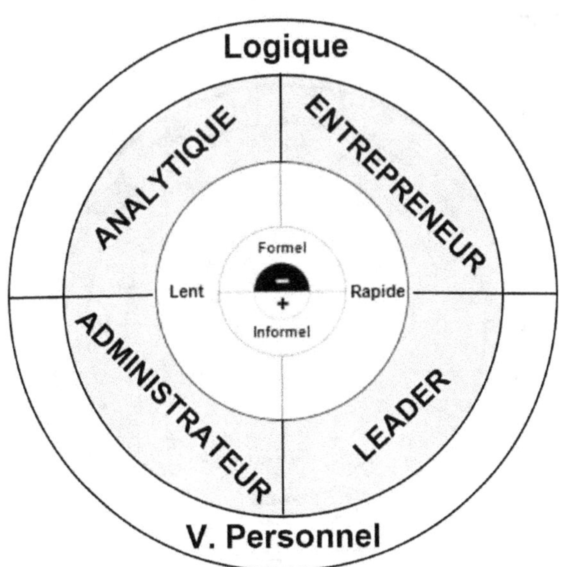

Organisation du temps (planifié ou flexible)

Enfin, abordons comment nous organisons notre temps.

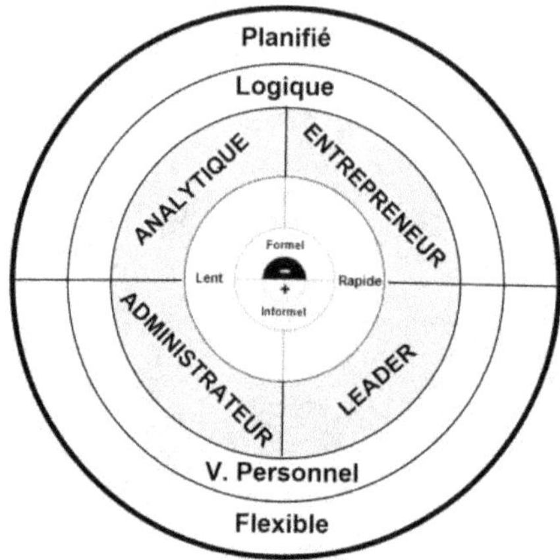

Tactiques relationnelles (interrogateur, distant, intimidateur, victime).

Explorons maintenant les caractéristiques de chacune des tactiques relationnelles.

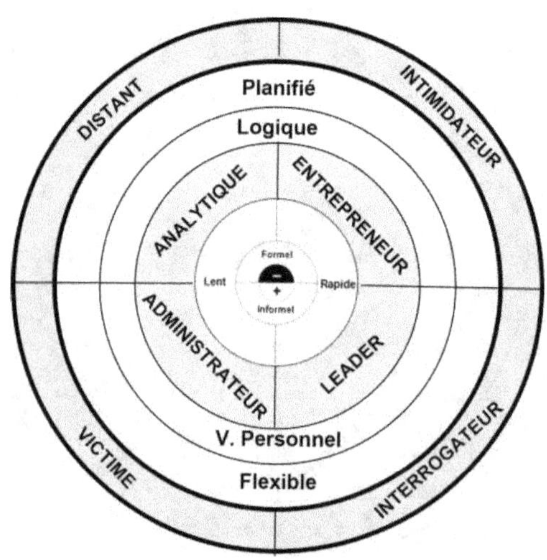

Canaux de communication (synesthésique, auditif, visuel, digital)

Dans ce cadre, nous positionnerons les canaux de communication dans leurs zones respectives.

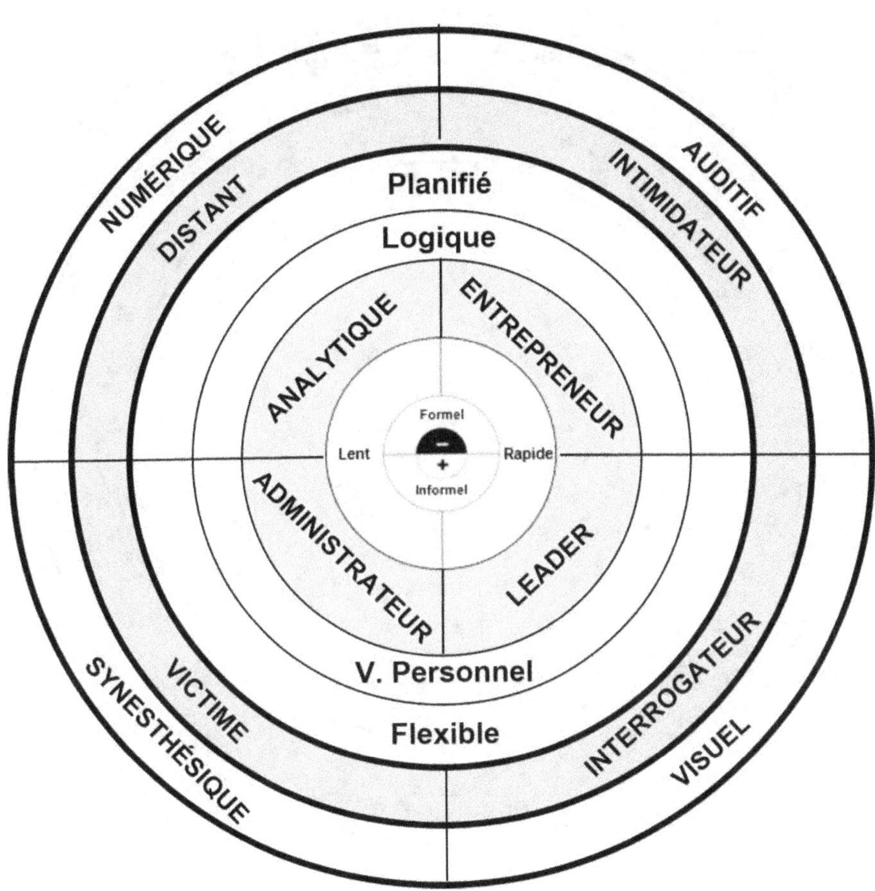

Les Signes Astrologiques

Enfin, abordons la zone qui influence toutes nos actions. Dans la Figure 28, nous avons rassemblé toutes les caractéristiques discutées jusqu'à présent. Il est important de se rappeler qu'une personne ne peut avoir qu'une réponse dans chaque zone.

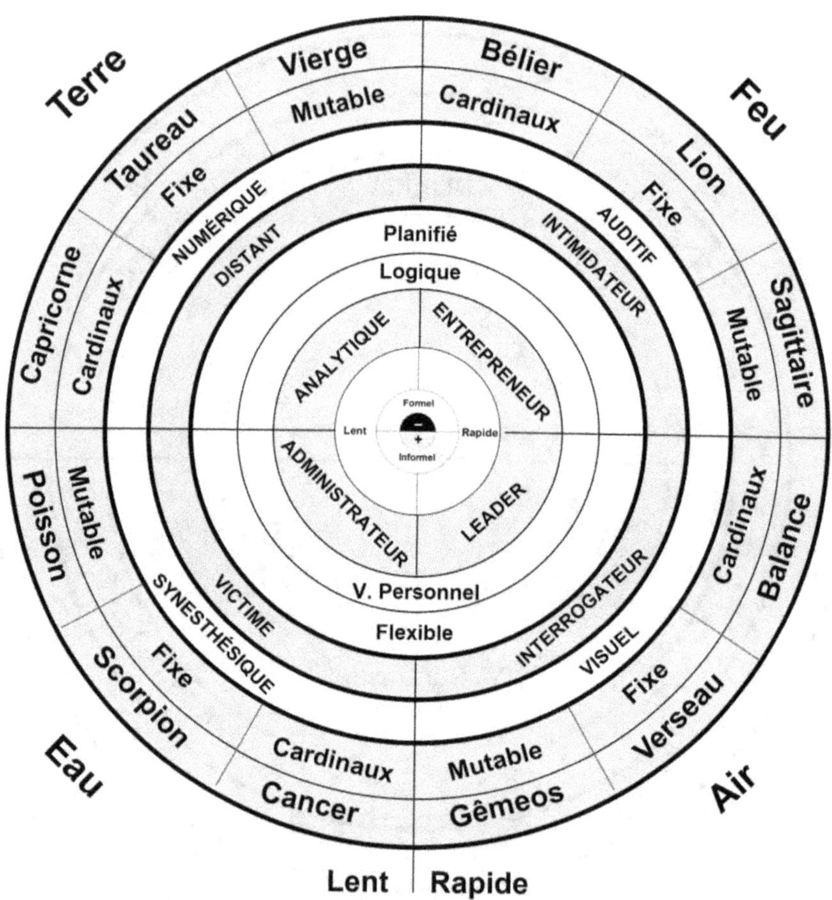

Figure nº 28

Imaginons, par exemple, une femme qui présente des caractéristiques de leader, prend des décisions basées sur ses valeurs personnelles, est planifiée, intimidante, visuelle et est du signe de la Balance. Nous pouvons représenter ce profil comme indiqué dans la Figure 29.

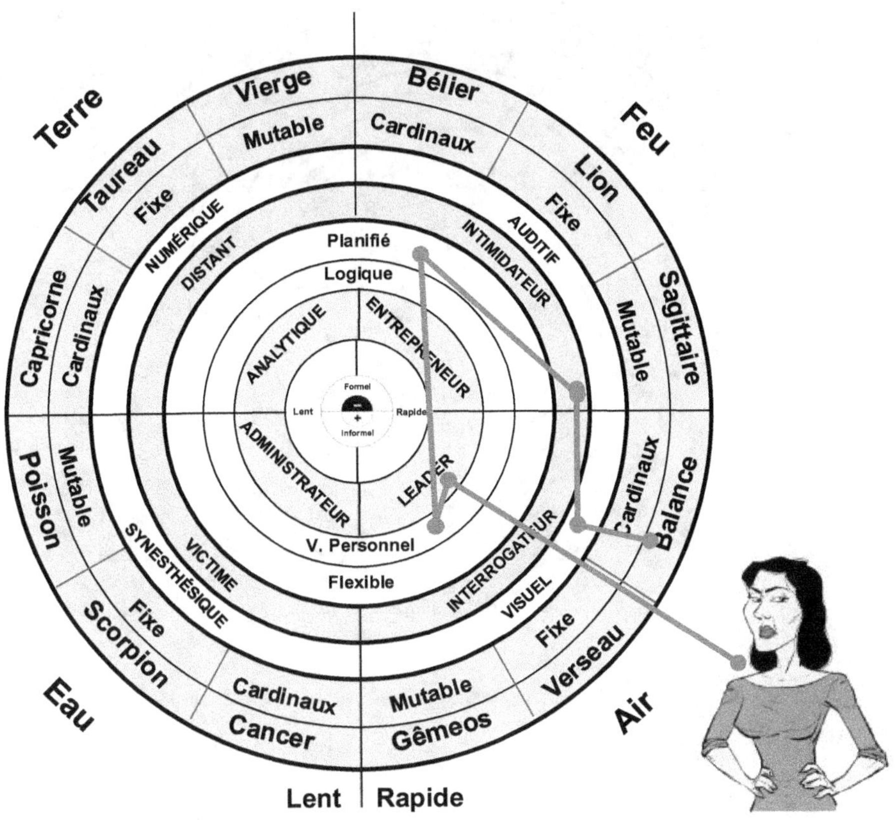

Figure nº 29

De même, nous pouvons trouver le profil d'un partenaire en utilisant la loi de l'attraction des opposés.

Il est possible d'imaginer la quantité de variations, atteignant un total de 3 072 profils de personnes différents.

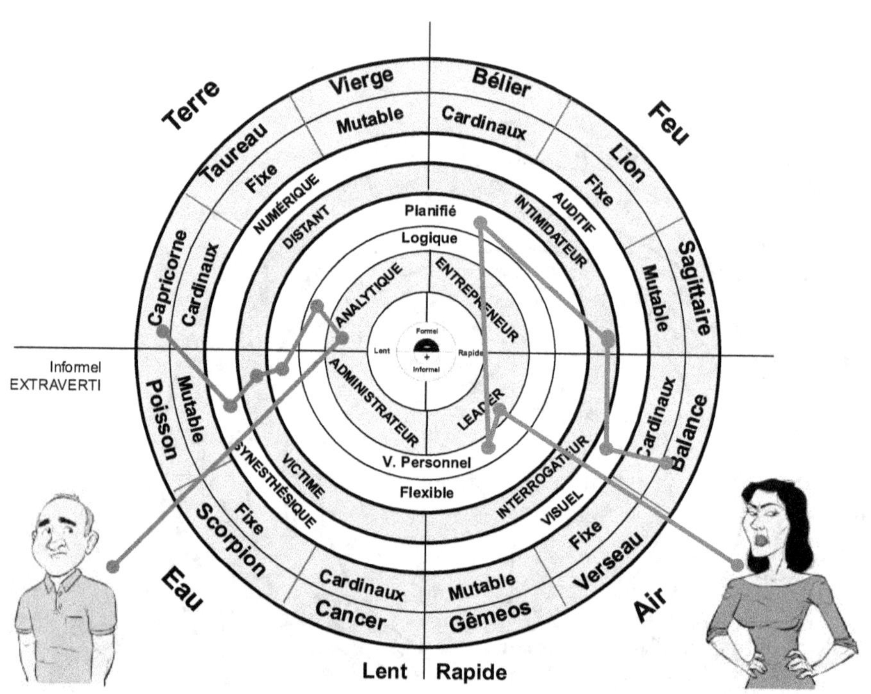

Conclusion

Ce texte explore les interactions complexes qui façonnent la personnalité des personnes en fonction de divers facteurs. Bien que ces informations soient fascinantes, il est important de se rappeler que l'astrologie est une approche symbolique pour comprendre la psychologie humaine. Par conséquent, ces analyses peuvent offrir des aperçus intéressants, mais ne doivent pas être considérées comme des déterminants absolus du comportement ou de la personnalité de quelqu'un. L'astrologie est un outil pour la conscience de soi et la réflexion, mais chaque individu est unique et complexe à sa manière.

1. Le système révélé

Je me suis souvenu d'une étude menée au moyen d'une application intitulée "Améliorez vos relations". Cette application utilisait les mêmes principes du système pour expliquer les caractéristiques du comportement humain. L'étude a impliqué environ 5 000 personnes, puis 10 000 personnes de langue portugaise, sur une période d'environ un an et demi, indépendamment de leurs emplacements géographiques.

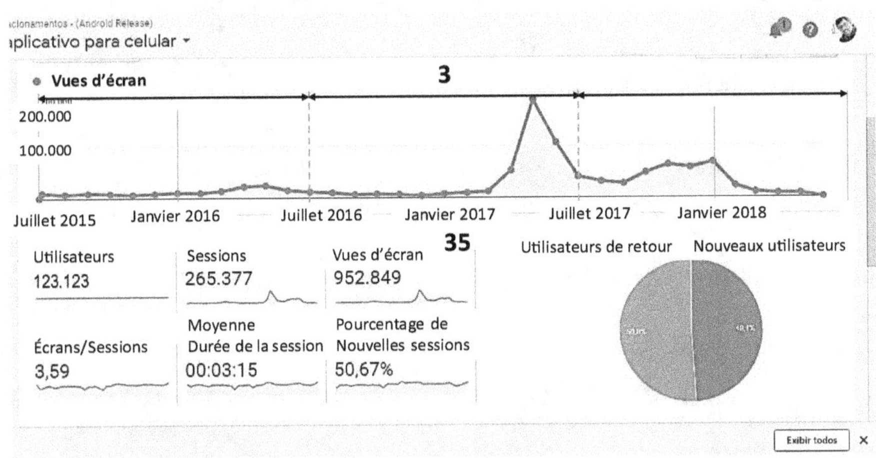

Les résultats de cette étude se sont révélés surprenants, car ils présentaient une similitude remarquable avec le système Universel. Les informations collectées par l'application, concernant le Type, les tactiques relationnelles, les canaux de communication et les influences sur les actions, présentaient des schémas fortement corrélés avec les trois systèmes trouvés dans la zone de la force électromagnétique.

Résultats concernant les tactiques relationnelles

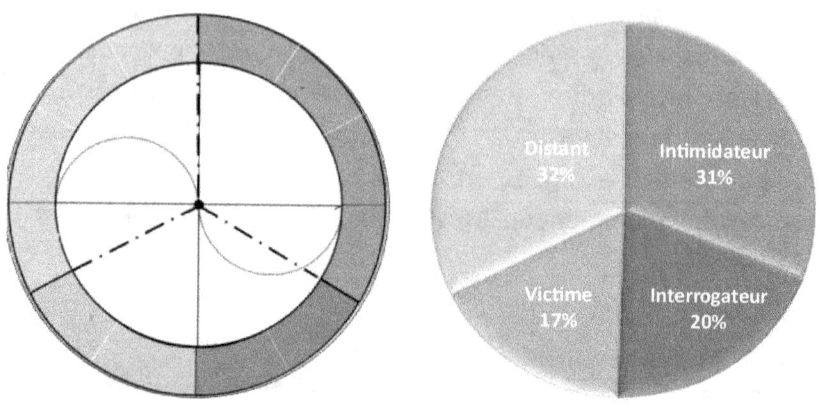

Ce système était présent dans toute action, comme la recherche d'un profil comportemental sur une application.

Résultats concernant la Typologie

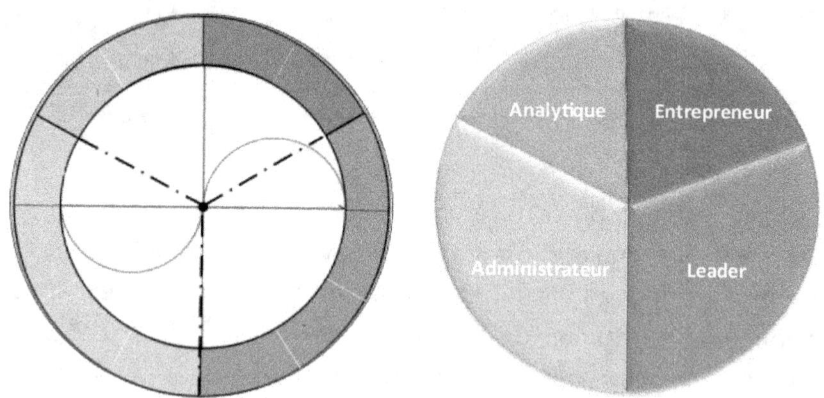

De plus, le système n'était pas affecté par les distances ou le temps nécessaire à une action. Le résultat restait constant, indépendamment des variables observées, indiquant que le cycle se répéterait de manière prévisible, s'appliquant à toutes les zones observables, y compris le comportement humain.

N'OUBLIEZ PAS

La construction finale des interactions dans leur ensemble
est la somme de toutes les zones réunies.

Les contraires s'attirent

CHAPITRE 09

Homme x Femme

" La simplicité est la sophistication ultime."

– Léonard de Vinci

Différences de genre et le Système Universel : Une boussole pour améliorer la vie

Des idées largement répandues suggèrent que les hommes et les femmes sont si différents qu'il est presque impossible pour l'un de comprendre l'autre. Leurs caractéristiques semblent appartenir à des mondes opposés. Cependant, si nous examinons plus en profondeur, nous pouvons facilement identifier les domaines qui influencent chacun de ces comportements.

Notre approche est basée sur le livre "Système Universel : Révélant l'Orchestration Cosmique". Cette méthodologie peut sembler simpliste à première vue, mais c'est là toute la beauté du système : sa capacité à simplifier la complexité de la vie pour fournir des orientations pratiques et des idées précieuses.

Comprendre le Système Universel

Le Système Universel est une théorie qui décrit le fonctionnement d'un système cosmique global, influençant tous les aspects de nos vies. Ce système est un guide qui peut nous aider à nous améliorer en fournissant des idées précieuses et des orientations pratiques.

Charge Positive et Négative

Selon le Système Universel, chaque être humain est influencé par différentes charges dans ses interactions quotidiennes. Les caractéristiques masculines ont tendance à être associées à une charge négative, tandis que les caractéristiques féminines sont influencées par une charge positive. Cela est représenté comme un atome, où la femme est le noyau chargé positivement et l'homme la charge négative.

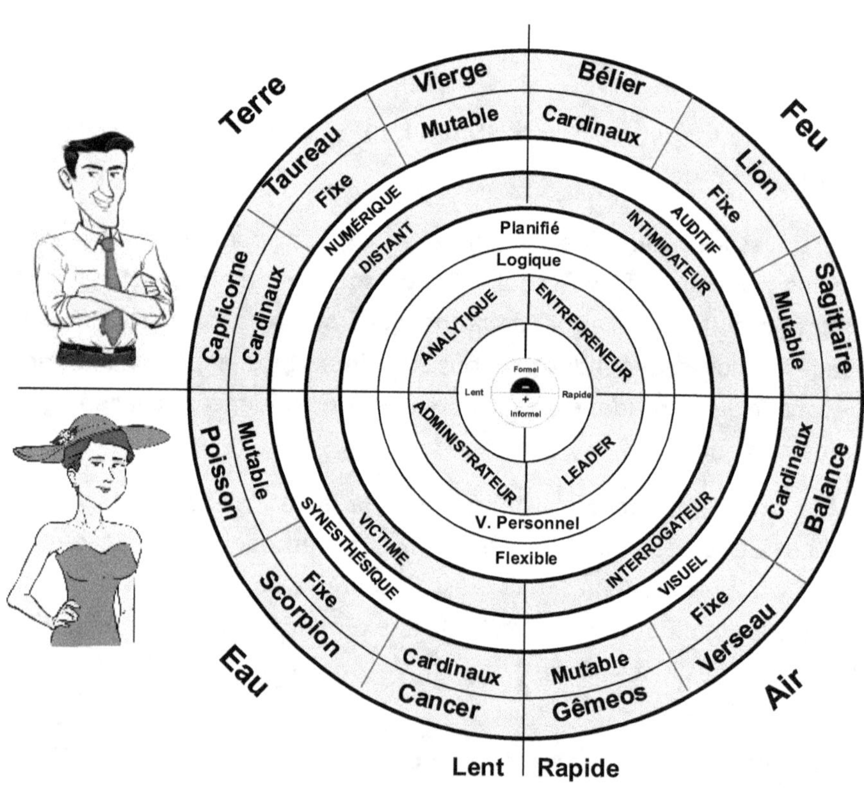

Figure nº 30

Rationalité et Émotion

Les hommes ont tendance à être plus analytiques, entreprenants, logiques et distants, des caractéristiques qui entrent dans la catégorie de la charge négative et, par conséquent, de l'influence rationnelle.

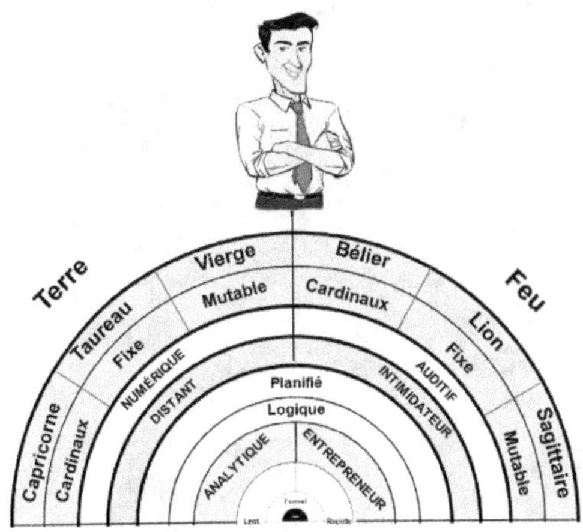

Quant aux femmes, elles sont souvent plus sentimentales, visuelles, intuitives, bavardes et extraverties, des caractéristiques associées à la charge positive et, par conséquent, à l'influence émotionnelle.

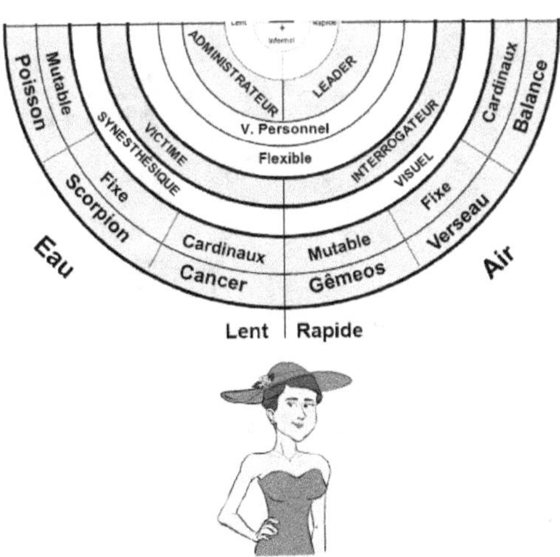

Le Noyau Familial

Comme au sein de la famille, dans la société, nous observons également cette polarité. Les familles sont des noyaux influencés par ces interactions, et les amitiés, les relations professionnelles et les romances suivent également cette dynamique.

Relations amoureuses

Dans les relations amoureuses, la femme, en tant que charge positive, a tendance à éprouver des fluctuations émotionnelles, tandis que l'homme, en tant que charge négative, peut s'approcher et s'éloigner. Ces dynamiques sont comparables au mouvement d'un électron autour d'un noyau, comme l'a décrit le physicien Louis de Broglie dans sa théorie.

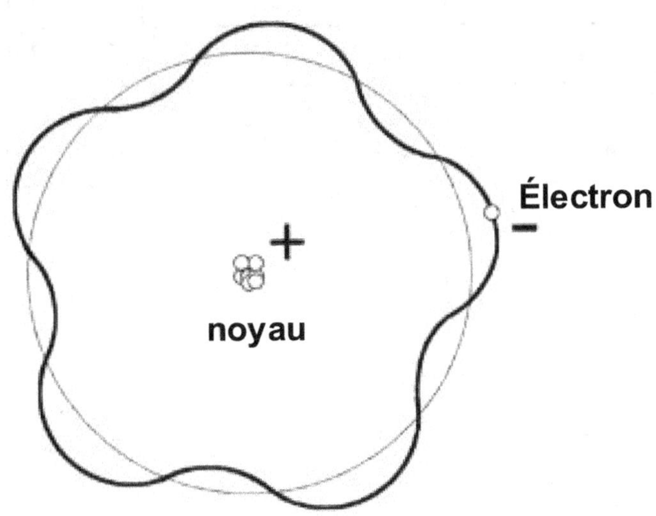

COMPORTEMENT

Dans les prochains chapitres, nous explorerons les caractéristiques typiques tant des hommes que des femmes à la lumière de cette méthodologie, fournissant une boussole pratique pour améliorer votre vie et vos relations.

En résumé, cette méthodologie, basée sur le Système Universel, simplifie la complexité des interactions humaines, offrant des orientations précieuses à ceux qui cherchent à améliorer leur vie et à comprendre les dynamiques de genre et de comportement.

Les Lois de Votre Univers Intérieur

	HOMME	**FEMME**
Quand elle subit une frustration	Il se replie sur lui -même	Elles se rassemblent
Quand elle se blesse pendant un jeu	Il sort pour ne pas perturber le jeu	Elles arrêtent le jeu pour aider ceux qui sont blessés
Se vêt	Pour soi-même	Pour les autres
Se plaint	Elles essaient constamment de le changer	Qu'elles ne savent pas écouter
Offre	Solution	Empathie, conseils et orientations non sollicités
N'aime pas	De se sentir contrôlé	De ce qui lui offre des solutions
Veulent	L'acceptation	Empathie
Se sent	Contrôlé	Confuse
Valorisent	Pouvoir, Compétence, Efficacité, Réalisation, Succès, Compétence à atteindre des résultats.	Amour communication beauté Relations
Intéressées par	Objets et choses	Romance Harmonie Communauté coopération amoureuse
Orientations pour	Objectifs	Relation
Caractéristique	Invalident les sentiments	Très intuitives
Comment elles gèrent le stress	S'éloignant pour réfléchir en silence	Besoin instinctif de parler
Sont motivées	Quand il se sent nécessaire	Quand elles ressentent de la tendresse
Ont besoin de surmonter	Sa réticence à donner de l'amour	Leur résistance à le recevoir
Dans l'intimité	Il se rapproche, mais soudainement il a besoin de se retirer inévitablement,	Les attitudes amoureuses montent un moment et diminuent rythmiquement dans un mouvement ondulatoire
ONT SURTOUT BESOIN D'UN TYPE D'AMOUR	Avec la confiance qu'il soit accepté et apprécié.	Attentionné. Qui comprend et respecte
Ont besoin d'apprendre	Agissant comme s'il avait toujours raison, il peut invalider les sentiments d'une femme.	Transmettent des messages de désapprobation au lieu de désaccords, renforçant ainsi les sentiments de défense de l'homme

N'OUBLIEZ PAS

L'homme

Est influencé par les interactions liées
au côté rationnel (Formel),
étant ainsi la charge négative.

La femme

Est influencée par les interactions liées
au côté émotionnel (Informel),
étant ainsi la charge positive.

Les contraires s'attirent

CHAPITRE 10

Comment Reconnaître un Profil

Après tout ce que nous venons de voir, récapitulons les 7 questions à se poser.

En matière de relations, quel est votre profil ?

Intimidateur ------ ☐
Menaçant
Autoritaire
Rigide
Fâché

Victime --------- ☐
Négatif
Victime
Accusateur
Fatigué

Interrogateur ------ ☐
Investigateur
Exagéré
Protecteur
Sachant tout

Distant -------- ☐
Parle peu
Timide
Solitaire
Joue l'indifférent

Vous vous souvenez de quoi ?

Visuel
Voyez ---------- ☐

Auditif
Écoutez -------- ☐

Synesthésique
Faites --------- ☐

À l'école, vous vous souveniez davantage de ce que
VOUS VOYEZ, ENTENDEZ ou FAITES (Écrivez, brouillons)

Quelle est votre date de naissance ?

Homme ----------------- ☐
Femme ----------------- ☐

Vous êtes?

I: Formel ----------------- ☐
Informel ----------------- ☐

INDICATEURS

Introverti ou extraverti
Lorsqu'on vous photographe vous: souriez (informel) ou êtes sérieux (formel)

II: Lent ----------------- ☐
Rapide ----------------- ☐

INDICATEURS

Vitesse de la locution
Réfléchit avant d'agir (lente) ou agit avant de réfléchir (rapide)
Le temps qu'il faut pour répondre à une question
Vitesse des actions

Pour décider, vous utilisez ?

La logique ----------------- ☐

Organise
Structurer logiquement

Les sentiments ----------------- ☐

Estime
Valeurs personnelles

Vous aimez les surprises ?

NON ----------------- ☐

Doit savoir où il va
Planifié

OUI ----------------- ☐

Ne sait pas où il va,
mais sait où il ne veut pas aller
Flexible

" La compréhension approfondie des interactions humaines nécessite
un regard attentif sur les influences de
nos antécédents familiaux
et des caractéristiques opposées."

- Carl Jung

Arbre généalogique des interactions

Selon la Loi de l'Équilibre, qui postule que les gens sont attirés par des caractéristiques opposées aux leurs, nos stratégies de relation sont influencées, en grande partie, par des figures parentales, en mettant l'accent particulier sur la figure maternelle. De plus, nous observons des schémas similaires en astrologie, où nous avons tendance à mieux nous entendre avec des personnes dont les signes appartiennent à l'élément complémentaire au nôtre. Explorons comment ces idées peuvent être appliquées à la compréhension des dynamiques humaines.

La figure suivante illustre les interactions entre les membres d'une même famille.

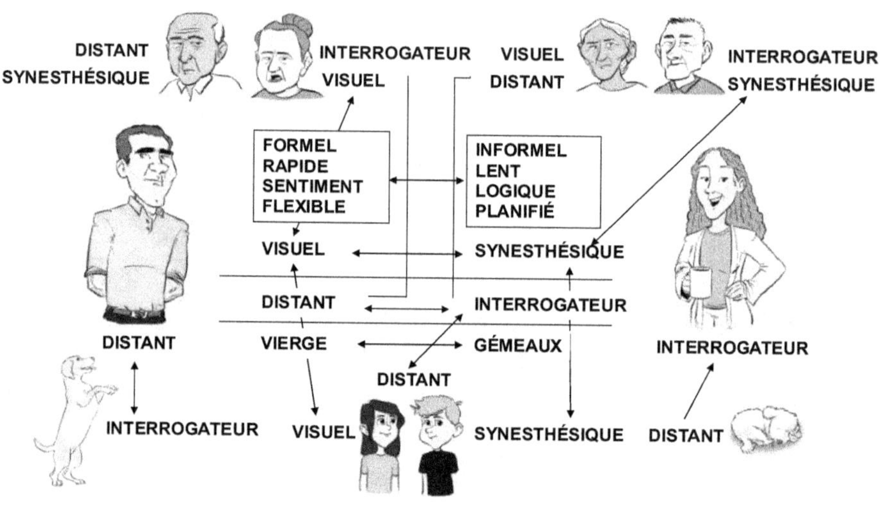

Les quatre domaines clés

Notre identité et notre comportement peuvent être divisés en quatre domaines principaux : Comment nous pensons, Comment nous nous relations, Comment nous communiquons et ce qui influence nos actions. Ces domaines interagissent constamment et peuvent amplifier ou diminuer les caractéristiques les uns des autres.

Exemple pratique : Carlos Henrique

Considérons l'exemple de Carlos Henrique, une personne rapide, informelle (un leader), interrogatrice, synesthésique et Bélier. En analysant ses interactions, nous mettons en évidence en bleu les influences positives et en rouge les négatives. Par exemple, son intuition et son leadership sont des caractéristiques qui reviennent fréquemment, mais sous stress, son leadership peut devenir négatif en raison des tendances du Bélier.

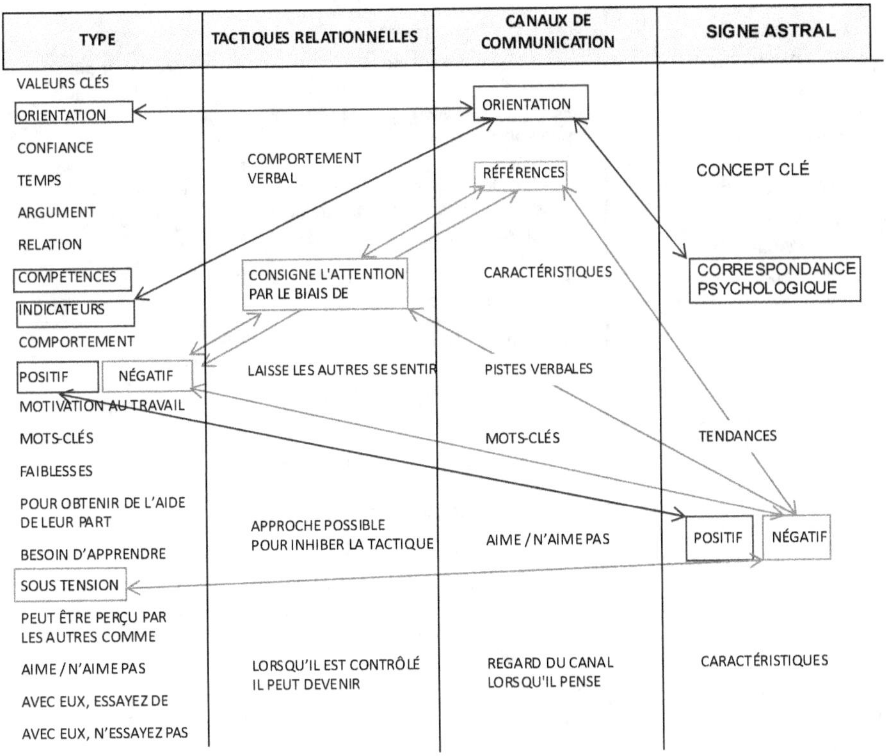

TYPE	TACTIQUES RELATIONNELLES	CANAUX DE COMMUNICATION	SIGNE ASTRAL

Dans le tableau suivant, nous mettons en évidence en bleu les interactions positives de chaque domaine et en rouge les négatives. Les caractéristiques en vert représentent des mots qui se répètent, tandis que les rouges mettent l'accent sur les caractéristiques négatives.

Les Lois de Votre Univers Intérieur

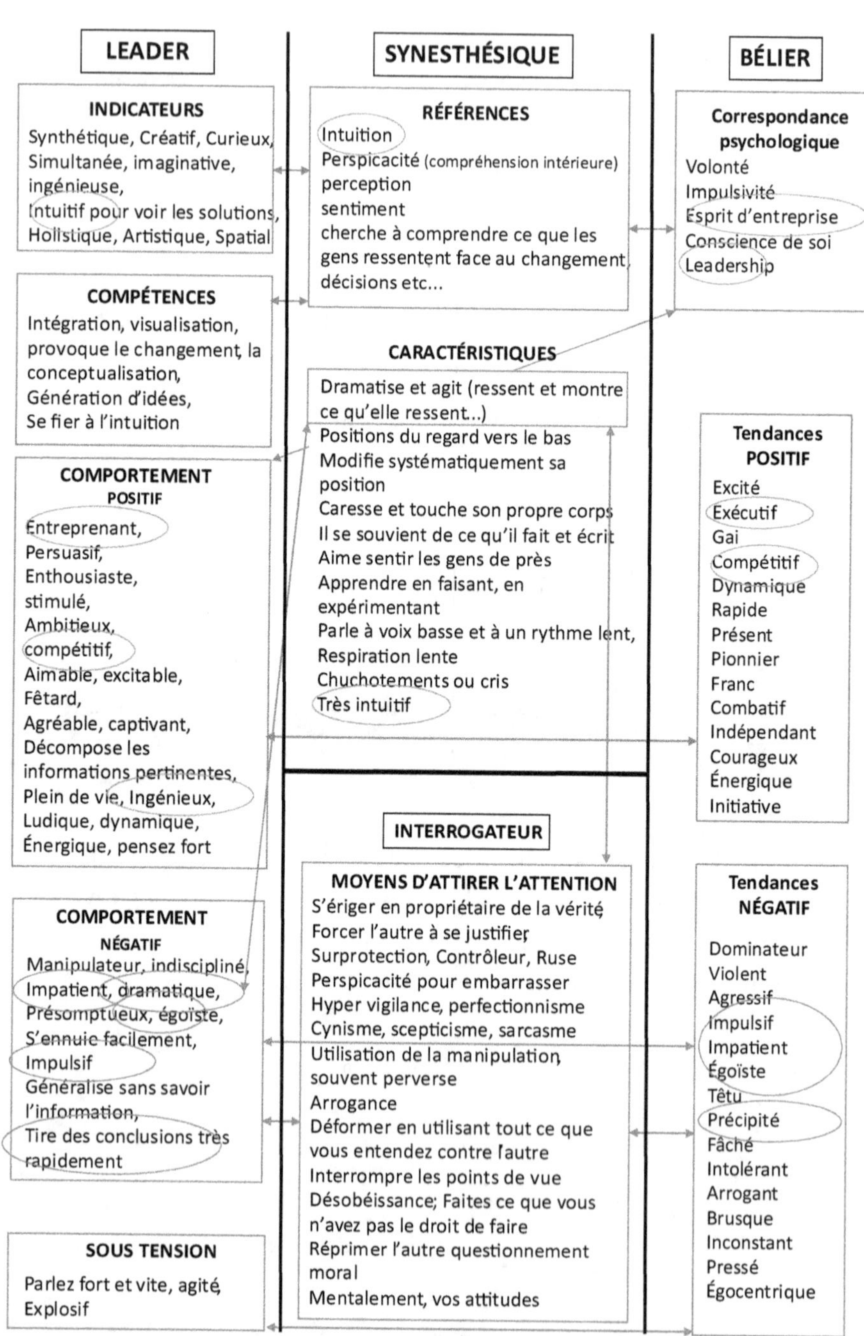

Première attraction et attraction des opposés

Lorsque nous rencontrons quelqu'un pour la première fois, notre subconscient recherche des "codes" d'interaction qui sont opposés aux nôtres, ce qui nous attire. Cette attraction commence généralement par des caractéristiques de relation similaires à celles que nous avons expérimentées dans l'enfance, surtout celles utilisées par notre mère. Ensuite, nous évaluons le style de pensée, cherchant des opposés complémentaires (rapide vs lent, formel vs informel). L'attraction physique joue également un rôle important.

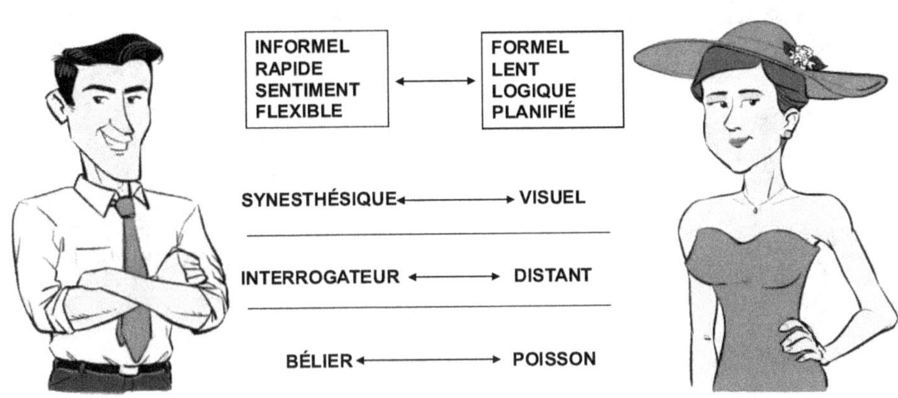

L'Attraction des Semblables

Bien que l'attraction des contraires soit courante, rencontrer quelqu'un qui nous ressemble peut faciliter la cohabitation. Cependant, la similarité peut aussi mener à la routine. Les relations avec des dynamiques similaires, comme deux intimidateurs ou deux personnes distantes, présentent des défis spécifiques. Une gestion efficace des différences est essentielle pour des relations harmonieuses.

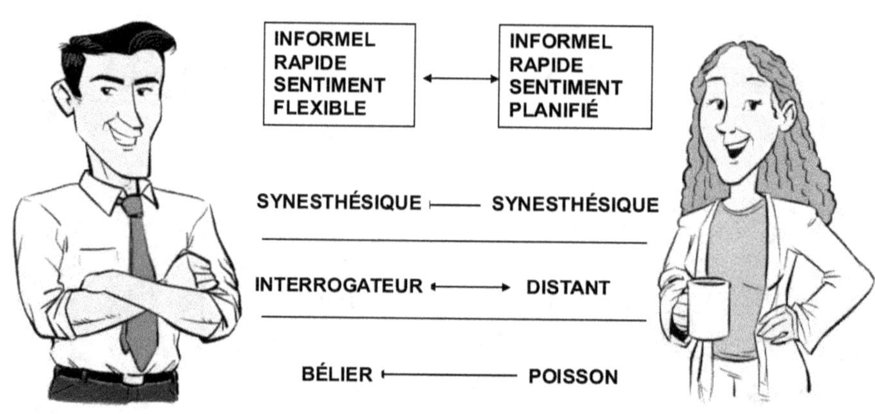

Organiser une réunion

Imaginez une réunion avec des personnes ayant des styles de pensée différents. Chacun a une perspective unique qui peut enrichir le processus décisionnel. L'entrepreneur définit des actions proches, l'analyste fournit des détails du passé, le leader développe des idées futures et l'administrateur considère l'impact sur les personnes. Comprendre cette méthodologie peut faciliter des réunions plus efficaces, où les perspectives diverses sont valorisées.

Principes fondamentaux pour comprendre le comportement humain

Notre voyage pour comprendre le comportement humain repose sur des principes solides qui nous guident à travers les complexités des relations interpersonnelles et intrapersonnelles.

Principe 8

"Cherchez honnêtement à voir les choses
du point de vue des autres."

Principe 9

Montrez-vous sympathique aux idées
et aux désirs des autres.

Dale Carnegie

Commençons par les principes 8 et 9. Ils sont simples mais fondamentaux. Le principe 8 nous enseigne à voir le monde à travers les yeux des autres, à comprendre leur perspective. Le principe 9 nous dit d'être sympathique aux idées et aux désirs des autres.

Le comportement humain : une danse complexe

Le comportement humain est une danse complexe de caractéristiques et d'influences. Chacun de nous est unique, mais notre individualité suit des modèles prévisibles. Tout comme les forces de la physique s'équilibrent, nos traits de personnalité cherchent également l'équilibre.

Comprendre les cinq domaines clés

Simplifions cela. Il existe cinq domaines clés pour comprendre le comportement humain :

- **Comment nous pensons :** Il s'agit de nos styles de pensée, que nous soyons analytiques, entrepreneurs, leaders ou administrateurs.

- **Comment nous prenons des décisions :** Nos décisions sont-elles basées sur la logique ou les sentiments ?

- **Comment nous organisons le temps :** Sommes-nous planifiés ou flexibles ?

- **Comment nous nous relations :** Nos styles de relation peuvent être interrogatifs, distants, intimidateurs ou victimes.

- **Comment nous communiquons :** Nos canaux de communication vont des synesthésiques aux auditifs, visuels ou numériques.

Influences externes : Religion et Culture

Mais il y a deux influences critiques à prendre en compte : la religion et la culture. Notre religion et l'endroit où nous avons grandi façonnent notre vision du monde et nos interactions.

Le chemin vers la compréhension

Comprendre le comportement humain peut sembler difficile, mais cela ne doit pas l'être. Voici un guide simple :

- **Expression émotionnelle :** Observez si quelqu'un sourit facilement (extraverti) ou non (introverti).

- **Vitesse d'action :** Déterminez si la personne est rapide ou lente dans ses mouvements, actions et paroles.

- **Prise de décision :** En général, les hommes ont tendance à prendre des décisions en fonction de la logique, tandis que les femmes ont tendance à prendre en compte les sentiments.

- **Organisation du temps :** Identifiez si quelqu'un est planifié et méticuleux ou flexible et spontané.

- **Style de relation :** Observez comment la personne se comporte dans les relations, qu'elle soit interrogatrice, distante, intimidante ou victime.

- **Canal de communication :** La manière dont quelqu'un se déplace, ses vêtements, couleurs et ton de voix peuvent révéler s'il est synesthésique, auditif ou visuel.

- **Influences astrologiques :** Considérez votre date de naissance ou votre signe astrologique.

Comprendre ces aspects peut nous permettre de naviguer plus facilement et efficacement dans le labyrinthe des interactions humaines. C'est comme avoir une carte pour une forêt inconnue ; cela facilite la navigation et augmente les chances de succès.

Maintenant, vous avez les outils pour comprendre non seulement vous-même, mais aussi ceux qui vous entourent. Ne manquez pas cette opportunité d'améliorer vos relations et de trouver le bonheur grâce à la compréhension mutuelle.

CHAPITRE 11

Développement Personnel :
Les différentes facettes de l'intelligence

"L'intelligence n'est pas seulement mesurée par ce que nous savons,
mais aussi par la manière dont nous
utilisons notre connaissance dans les relations humaines."

- Albert Einstein

Comprendre et développer nos caractéristiques personnelles est fondamental pour notre croissance. Dans ce texte, nous explorerons comment différents canaux de communication façonnent nos souvenirs et comment les diverses formes d'intelligence jouent un rôle essentiel dans ce processus.

Canaux de communication et mémoire :

Comme discuté dans le chapitre précédent, nos canaux de communication influencent nos expériences et nos souvenirs. Imaginez ces canaux comme des fenêtres sensorielles sur le monde qui nous entoure. Ils peuvent être regroupés en trois principaux :

- **Synesthésie :** Ce canal est lié aux sensations, au mouvement, au goût et à l'odorat - tout ce qui concerne notre corps.

- **Ouïe :** Ici entrent tous les sons audibles, tels que la musique, que nous capturons avec nos oreilles.

- **Parole :** Ce canal inclut le langage et la parole, qui proviennent des mouvements de la bouche, de la langue et des vibrations des cordes vocales.

Les différentes formes d'intelligence :

Howard Gardner a introduit l'idée que l'intelligence se présente sous différentes formes. Voici les sept principales formes d'intelligence :

- **Intelligence académique :** Cela englobe des compétences telles que la synesthésie, la musicalité, la fluidité verbale, la compréhension spatiale et le raisonnement logico-mathématique.

- **Intelligence personnelle :** Cette catégorie couvre les aptitudes intrapersonnelles (axées sur la connaissance de soi et la gestion émotionnelle) et interpersonnelles (la capacité à comprendre et à interagir efficacement avec les autres).

- **Intrapersonnelle :** Cela implique la capacité de comprendre nos propres sentiments, de les utiliser pour orienter notre comportement et de maintenir une image précise de nous-mêmes.

- **Interpersonnelle :** Implique la capacité de comprendre les émotions, les désirs et les motivations des autres, ainsi que la résolution de conflits et le maintien de relations saines.

Les cinq types d'intelligences liés aux canaux de communication

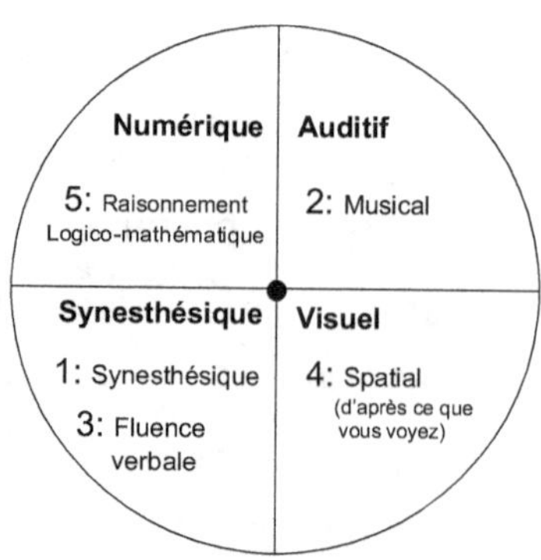

Les deux types d'intelligences
liés aux interactions visibles et invisibles

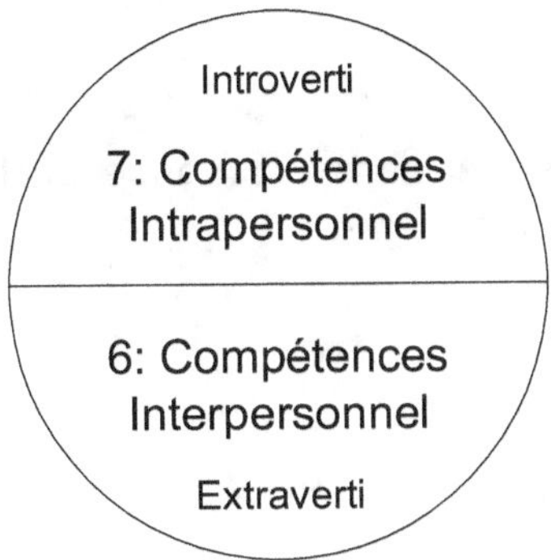

Intelligence émotionnelle :

Contrairement au quotient intellectuel (QI), l'intelligence émotionnelle est quelque chose que nous pouvons développer. Elle englobe notre capacité à interagir et à comprendre les émotions dans notre environnement. L'intelligence émotionnelle inclut :

- **Auto-conscience :** Comprendre nos caractéristiques personnelles et émotions.

- **Auto-contrôle :** Maintenir le contrôle de nos actions et réactions.

- **Empathie :** Se mettre à la place de l'autre et comprendre les caractéristiques naturelles des personnes.

- **Résolution de conflits :** Utiliser l'auto-conscience, l'auto-contrôle et l'empathie pour résoudre les conflits interpersonnels.

- **Coopération :** Utiliser la compréhension des relations interpersonnelles pour collaborer efficacement.

- **Zèle :** Être prévisible et prudent dans nos interactions.

- **Automotivation :** Se motiver en comprenant que nos actions sont des habitudes que nous pouvons changer.

- **Persévérance :** Savoir que la répétition est la clé du développement personnel.

Le développement de l'intelligence émotionnelle est aussi crucial que le quotient intellectuel dans un monde où la collaboration et les compétences interpersonnelles sont essentielles.

Conclusion

Ce texte a exploré les différentes facettes de l'intelligence et comment elles sont liées à nos canaux de communication et à notre intelligence émotionnelle. Comprendre ces concepts peut nous aider à développer nos compétences et à améliorer nos relations interpersonnelles. Ainsi, se lancer dans ce voyage de connaissance de soi et de développement est un choix précieux pour la croissance personnelle et professionnelle.

L'utilisation de la méthodologie va développer

1. Notre profil mental
2. Aptitudes intrapersonnelles "intrapsychiques"
3. Aptitudes interpersonnelles
4. Auto-conscience (mental neutre)
5. Conscience des processus d'autrui
6. Intelligence émotionnelle

N'OUBLIEZ PAS

Sept principales formes d'intelligence

Intelligence académique
Synesthésique
Musicale
Fluidité verbale
Spatiale (ce qui est vu)
Raisonnement logico-mathématique
Intelligence personnelle

Aptitudes interpersonnelles

Aptitudes intrapersonnelles "intrapsychiques"

Les compétences fondamentales de l'intelligence émotionnelle

L'auto-conscience
L'auto-contrôle
L'empathie
L'art de l'écoute
La résolution de conflits
La coopération
Le zèle
L'automotivation
La persévérance

CHAPITRE 12

Systématique Universelle

*"En explorant les influences qui façonnent notre comportement,
nous pouvons démystifier les mystères
de qui nous sommes et pourquoi nous agissons
comme nous le faisons."*

– Carl Jung

Cartographier les interactions des couleurs du cosmos

En préparant la publication du livre, j'ai rencontré un défi inattendu. J'ai découvert que l'impression d'une publication en couleur coûterait le double par rapport à la version en noir et blanc. Cela m'a contraint à ajuster les dessins pour qu'ils puissent être coloriés dans les livres électroniques et en noir et blanc dans les versions imprimées.

Tout en ajustant les couleurs de la Figure 28, à la page 158, une révélation surprenante s'est produite. Cela nous ramène à l'assemblage de la carte des interactions discutée au chapitre 8, où nous avons exploré les références dérivées du mouvement d'un électron autour d'un noyau. Cela nous a permis de déterminer l'existence d'éléments visibles et invisibles, issus d'énergies négatives et positives, ainsi que la possibilité d'être lent ou rapide.

Considérant que l'atome sert de base à toute la matière qui nous entoure, il est concevable que l'objet le plus grand formé par des atomes soit la Terre. Ainsi, nous pouvons extrapoler notre raisonnement sur la Terre pour obtenir la représentation suivante :

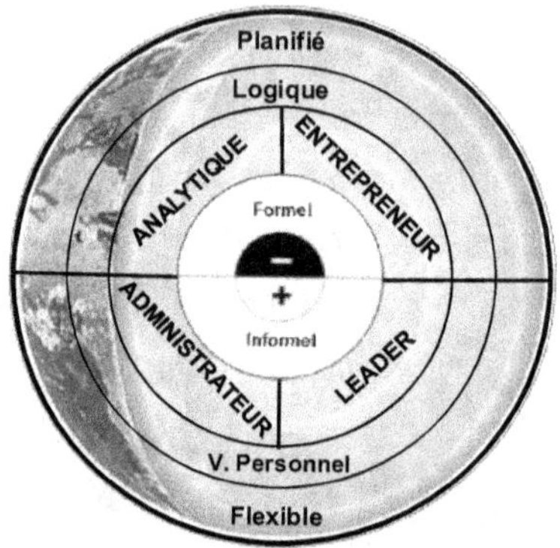

Selon le système, tous les pays ont des caractéristiques distinctes. Notamment, les pays situés au-dessus de la ligne de l'Équateur ont tendance à manifester des traits introvertis et planifiés, tandis que ceux en dessous ont tendance à être extravertis et flexibles.

Notre étude s'est étendue pour englober les caractéristiques innées, en commençant par les interactions humaines. Maintenant, en explorant de manière plus étendue, nous réalisons que cette zone englobe tous les êtres et éléments de la Terre.

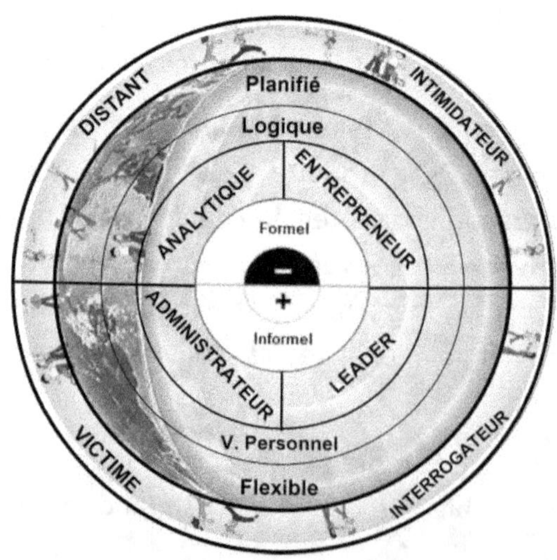

Que ce soient des êtres humains, des animaux, des plantes ou des éléments naturels tels que la terre, l'eau, le vent et la pluie, tous interagissent selon des principes similaires.

En avançant vers les caractéristiques acquises, nous commençons par la communication. La figure suivante représente cette connexion avec le ciel, car toute forme de communication se propage dans l'air, que ce soit la lumière, le son, le mouvement ou les ondes cérébrales.

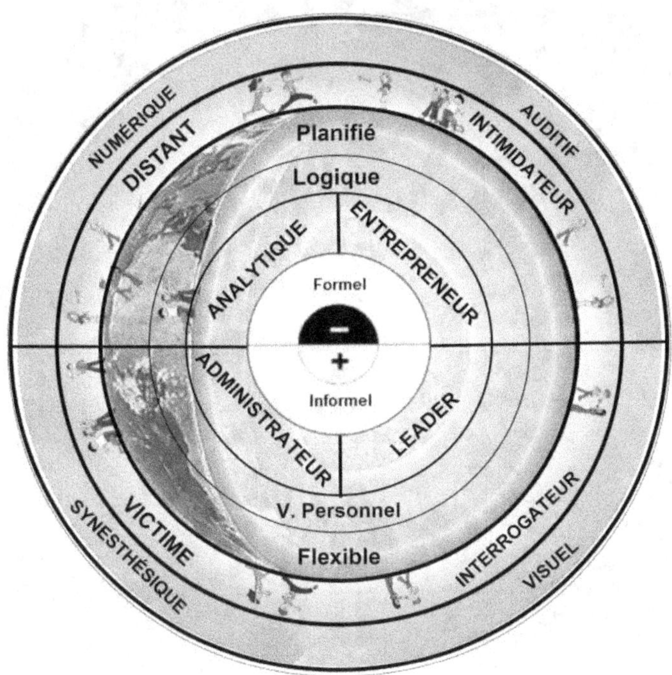

Pour compléter notre analyse, nous devons également considérer ce qui influence nos actions, en tenant compte de la position des astres par rapport à l'époque, comme illustré ci-dessous :

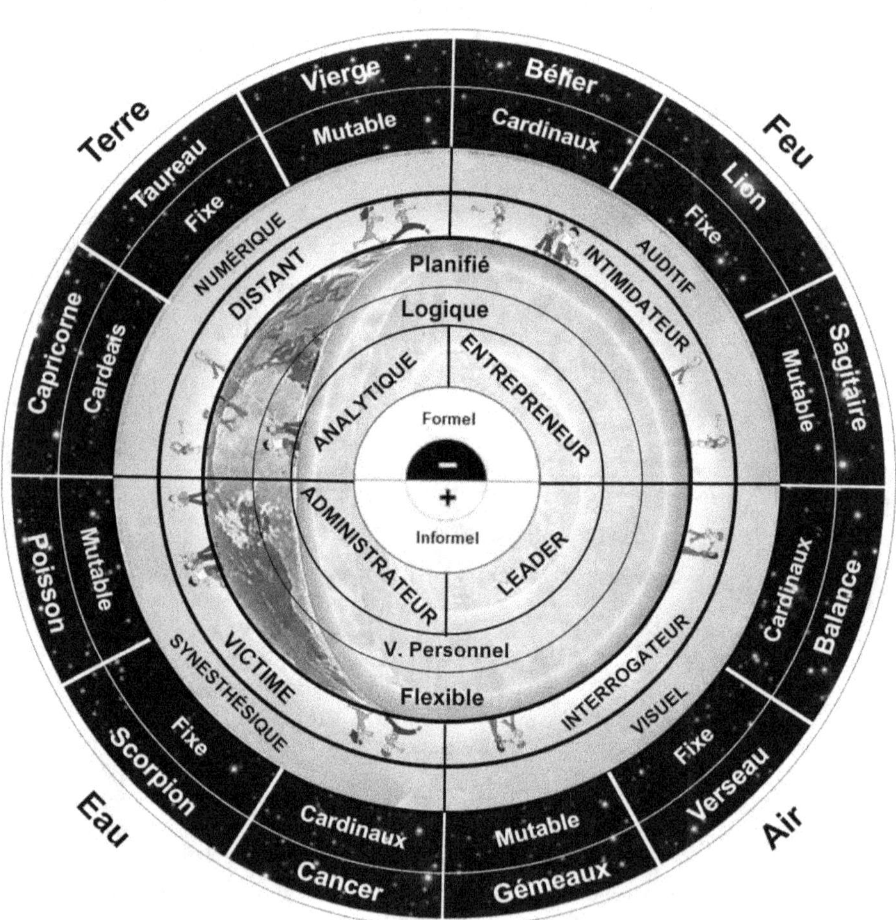

Conséquences

Cette représentation de notre univers, suivant une logique similaire à notre méthodologie de reconnaissance du comportement humain, est remarquable. Elle valide la ligne de pensée développée depuis le début. Nous pouvons conclure que les populations des pays au-dessus de la ligne de l'Équateur ont tendance à être formelles et introverties, tandis qu'au sud, elles sont informelles et extraverties.

Je me souviens comment, en France, la population du nord avait des habitudes formelles, un accent, une cuisine et une architecture si différents de ceux du sud, qui sont plus extravertis.

Ce modèle peut être appliqué à divers systèmes, tels que des pays où le nord est formel et extraverti, tandis que l'est a des régions plus rapides que l'ouest, comme le montrent les exemples de la France et de l'Espagne.

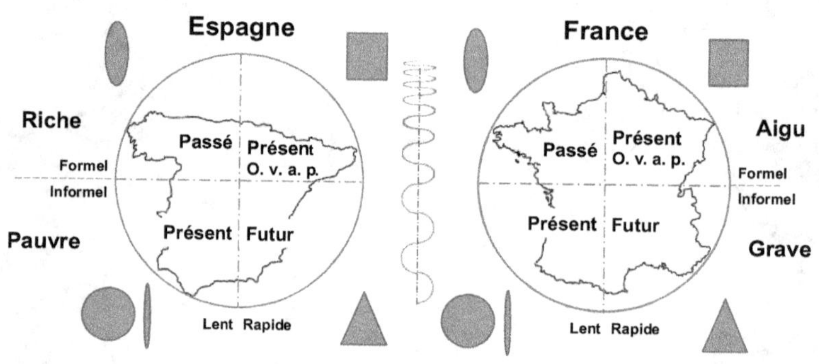

Pour les pays situés au sud de l'Équateur, le schéma s'inverse, comme nous le voyons avec les exemples du Brésil et de l'Australie.

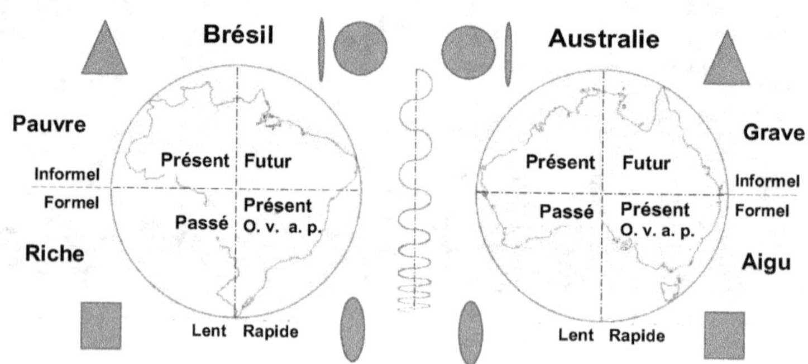

Ce modèle s'applique non seulement aux nations, mais aussi à la planète dans son ensemble, englobant les cinq continents. Il considère même que des régions ou des États peuvent être compris comme des systèmes interconnectés, car il n'y a pas deux endroits identiques à l'intérieur d'un pays.

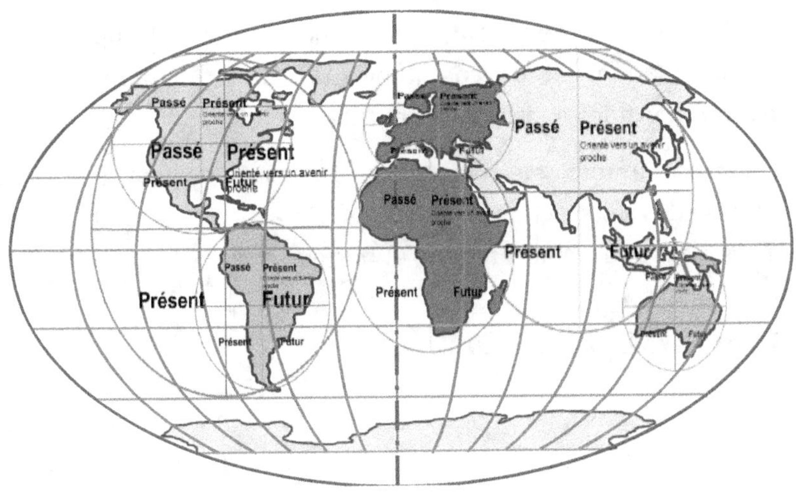

En plus des caractéristiques du profil mental, pour obtenir des résultats plus précis, nous devons également tenir compte du lieu de naissance. Si nous sommes dans l'hémisphère nord ou sud, dans quel pays et dans quelle région, comme illustré sur la figure suivante :

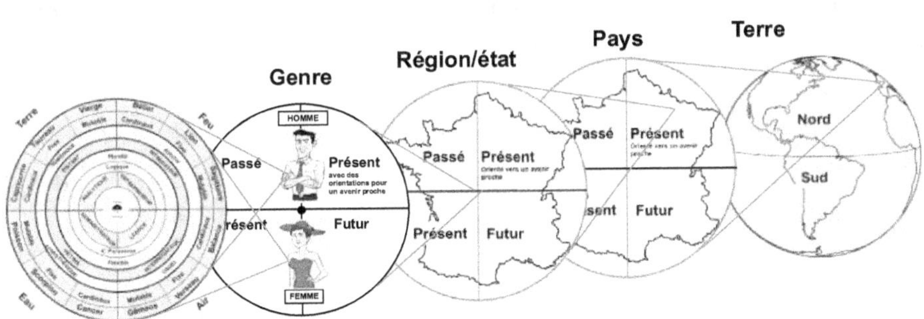

Ces réflexions révèlent l'influence complexe de facteurs tels que la position astrologique, la fréquence de communication et le lieu de naissance sur nos caractéristiques générales.

Cette approche nous offre une compréhension plus approfondie de la manière dont les interactions humaines sont façonnées et comment nous pouvons adapter nos propres actions en fonction de cette compréhension. Le développement de notre intelligence émotionnelle, comme discuté précédemment, peut améliorer nos compétences en matière de relations et de communication dans un monde où nous interagissons constamment avec les autres.

Cette méthodologie fournit une structure pour naviguer dans les complexités des interactions humaines et acquérir des informations précieuses pour une vie plus réussie et harmonieuse.

Dernières paroles au lecteur

Nous arrivons à la fin de ce chapitre, mais non à la fin du voyage. Ce qui a été exploré ici ne prend toute sa force que lorsqu'il trouve un écho dans la vie de chaque lecteur. C'est à ce point que théorie et expérience se rejoignent, transformant la réflexion en pratique et la conscience en action.

Merci d'être allé jusque-là et d'avoir accepté de parcourir ce chemin de découvertes. Chaque page n'a de sens que lorsqu'elle rencontre un lecteur prêt à réfléchir et à se transformer. Si ce livre vous a apporté quelque chose de précieux — une nouvelle vision, une réponse ou simplement une question différente — je vous demande de laisser votre évaluation sur Amazon. Votre parole peut inspirer d'autres lecteurs, éclairer de nouveaux parcours et donner continuité à ce mouvement de conscience.

CHAPITRE 13

Profils Complets

Questions à poser

Dans les pages suivantes, nous trouverons toutes les caractéristiques complètes des types et des profils.

Comment pensons-nous

Êtesvous?

I: Formel ---------------- ☐
Informel ------------- ☐

INDICATEURS
Extraverti ou introverti
Lorsqu'il est photographié : sourit (informel, extraverti)
ou non (informel)
Sourit facilement ou pas Parle avant de conclure
(Informel) ou après (Introverti formel)

II: Lent ------------------- ☐
Rapide --------------- ☐

INDICATEURS
Débit de parole
Réfléchissez avant de répondre à une question (lente) ou
après (rapide)
Temps nécessaire pour répondre à une question
Rapidité des actions

ANALYTIQUE Introverti x Lent

ORIENTATION

Pensée, Procédure.

CONFIANCE

(+) crédibilité (-) clarté

TEMPO

Passé.

DIFFICULTÉS

Profondément nostalgique, vénère les fruits du passé,
ne planifie ni ne développe d'actions pour le futur,
passe du temps dans le passé au lieu de vivre et construire
le présent et le futur,
se charge de souvenirs désagréables,
ne tire pas de leçons de ses propres erreurs, les répétant toujours,
s'isole des amis les plus réalistes et à jour.

ARGUMENTATION

A une logique, apporte une plus grande organisation.

RELATION

Facile avec l'administrateur et l'entrepreneur.
Difficile avec Leader.

INDICATEURS

Rationnel, autoritaire,
Mathématicien, critique,
Logique, concret.

COMPÉTENCES

Techniques, Scientifiques,
Financières, Analytiques,
Statistiques, Résolveur.

MOTIVATION AU TRAVAIL

Analyse statistique,
Chiffres, Travail en solo,
Priorité technique.

VALEURS CLÉS

Travaille avec ce qu'il a,
en visant la qualité.

COMPORTEMENT

POSITIF

Persistant, Organisé,
Perfectionniste, Patient,
Méticuleux, Fidèle,
Tient ses promesses,
Contrôlant, Travaillant,
Espoir, Penseur,
Quantitatif, Fiable, Méticuleux.

NÉGATIF

Perfectionniste, Critique,
En colère, Exigeant,
Reclus, autoritaire,
Lent dans ses décisions,
Ne révèle pas ses sentiments
Froid, Insensible,
Moraliste, Manque de clarté.

SOUS TENSION

Se tait, se retire, évite le conflit,
Perd sa réactivité, Arbitraire.

MOTS-CLÉS

Outils, Démontage, Doute,
Résultat, Analyse

PONTOS FRACOS

Détail excessif, Obscur,
Retient l'information,
Indécis, Têtu, Ennuyeux,
Méticuleux.

ANALYTIQUE Introverti x Lent

POUR OBTENIR LEUR SOUTIEN

Especializa-se em Pesquisa,
Conhecer os fatos,
Sistematização,
Organização, Segurança,
Decisão precisa e ponderada

PEUT ÊTRE PERÇU PAR LES AUTRES COMME

Accro aux chiffres,
Soif de pouvoir, Insensible,
Ne se mélange pas, Froid, Calculateur

AIME

Faits et détails (micro),
Résoudre en réduisant les risques,
Tenir ses promesses,
Fidèle et Chercheur,
Reporte pour améliorer,
Objectif et Prudent,
Sécurité

N'AIME PAS

Donner des réponses hâtives,
Agir (préfère étudier, analyser),
Risques et Insécurité,
Vision macro sans détails,
Confusion et Ambiguïté,
Nouvelles amitiés,
Reconnaissance

AVEC EUX, ESSAYEZ

Précision et Réalisme,
Objectivité et Affaires,
Soutenir les principes,
Évaluer le pour et le contre,
Fidélité,
Planifier et atteindre des
étapes,
Persistance et Persévérance,
Argumenter pour désaccorder,
Prouver sa fiabilité,
Fournir des preuves

AVEC EUX, N'ESSAYEZ PAS

Désorganisation et Confusion,
Casualité,
Informalité,
Tapageur,
Décisions hâtives,
S'écarter du sujet,
Laisser tout au hasard,
Fournir des incitations personnelles,
Menacer et flatter,
Se justifier pour convaincre,
Manipuler des preuves en utilisant
des tiers,
Utiliser des sources fragiles

ENTREPRENEUR - Formal x Rapide

VALEURS CLÉS

Dessine l'environnement, surmonte l'opposition, résultats immédiats.

ORIENTATION

Action, résultat.

CONFIANÇA

(+) Cohérence (-) Réceptivité.

TEMPS

Concentré uniquement sur le présent.

DIFFICULTÉS

Voir et planifier l'avenir,
Vive dans l'ici et maintenant.

ARGUMENTATION

C'est votre victoire.

RELATION

Facile avec l'analytique
Difficile avec l'administrateur et le leader.

INDICATEURS

Séquentiel, Expressif,
Dominant, Méticuleux,
Technique, Collecte des données,
Conservateur, Contrôleur.

COMPÉTENCES

Planifie, Administre,
Organisé, Réalisateur,
Régulateur, Supervise.

MOTIVATION AU TRAVAIL

Fait tout dans les délais,
Méticuleux,
Être en contrôle de la situation,
Planifier,
Organiser et Produire.

COMPORTEMENT

POSITIF

Objectif, Contrôle, Disposition,
Calculateur, Prend des risques,
Ambition, Confiance en soi, Efficacité,
Compétence, Déterminé,
Prend l'initiative avec les personnes,
Indépendant, Obstiné,
Pratique, Rapide, Pressé.

NÉGATIF

Insistant, Critique,
Bagarreur, Sévère, Peut blesser,
Impatient, Insensible,
Froid (réceptivité)
Impétueux, Nerveux,
Irrité, Brusque.

MOTS-CLÉS

Créer des habitudes, Loi et Ordre
Auto-discipline, Suivant les règles,
C'est plus sûr, Séquence.

FAIBLESSES

Préjudiciable,
a des difficultés interpersonnelles
et pour vivre avec des différences,
Ne se soucie pas des gens,
Fait des préjugés
Dominant,
Tyrannique, Égocentrique et égoïste.

POUR OBTENIR LEUR SOUTIEN

Démontrez l'efficacité,
Respectez les délais, priorisez-le.

BESOIN D'APPRENDRE

Humilité
Ecouter les autres.

ENTREPRENEUR - Fornal x Rapide

PEUT ÊTRE PERÇU PAR LES AUTRES COMME

Exigent,
Ne décide pas seul,
Sans imagination,
Étroit d'esprit,
Diligent,
Rigide

AIME

Agir seul,
Remplir ses devoirs,
Avoir des objectifs,
Atteindre des objectifs,
Gagner,
Résultats
Établir des objectifs.
Économiser du temps, de l'argent,
Sincérité sur ses pensées,
Être au fait des faits,
Influencer le travail d'équipe.
Simplifier,
Rationaliser,
Économiser.

N'AIME PAS

Gérer les différences individuelles,
S'attarder sur le même problème,
Parler pour ne rien dire,
Encourager,
Inspirer,
Aider,
Travail inachevé.

SOUS TENSION

Menace
S'impose avec tyrannie

AVEC EUX, ESSAYEZ

Bref,
Spécifique,
Objectif,
Utiliser le temps avec efficacité,
Ne pas s'écarter du sujet,
Organisé, planifier en montrant des faits,
Logiques et clairs,
Questions spécifiques,
Fournir des solutions, des alternatives,
Les laisser décider,
Désaccorder sur les faits et non sur la personne,
Soutenir les résultats et les personnes,
Persuader avec des objectifs et des résultats,
Quitter rapidement après avoir parlé de l'entreprise, ne pas tarder

AVEC EUX, N'ESSAYEZ PAS

Divaguer, perdre du temps,
Forcer l'amitié,
Être désorganisé et confus,
Laisser des lacunes ou des questions obscures,
Poser des questions rhétoriques et impossibles,
Aller avec des décisions déjà prises,
Décider pour eux,
Spéculer ouvertement,
Offrir des garanties irréalistes,
Désaccorder en réfléchissant sur les autres,
Acquiescer à : "Je suis avec toi",
Diriger ou ordonner.

LEADER - Extraverti x Rapide

ORIENTATION

Idées, intuition

CONFIANCE

(+) clarté (-) crédibilité

TEMPS

Individu davantage tourné vers l'avenir.
Ne se concentre jamais sur le présent, donc a du mal à ressentir (s'associer). Des difficultés à atteindre des objectifs futurs.
Sont toujours découragés dans le présent, car
la "vraie vie" se déroule dans le futur.
Passe éternellement à faire des plans et encore des plans sans jamais s'arrêter de planifier, tout comme ne met jamais les plans en action,
le résultat est une question d'avenir.

ARGUMENTATION

De cette façon, nous pouvons faire mieux que cela.

RELATION

Facile avec l'administrateur
Difficile avec l'analytique et l'entrepreneur.

INDICATEURS

Synthétique, Créatif,
Curieux, Simultané,
Imaginatif, Ingénieux,
Intuitif pour trouver des solutions,
Holistique, Artistique,
Spatial.

COMPÉTENCES

Intégration, Visualisation,
Provoque des changements,
Conceptualisation,
Génération d'idées,
Confiance dans l'intuition.

MOTIVATION AU TRAVAIL

Expérimenter, créer avec des ressources visuelles, provoquer des changements, prendre des risques, penser à l'avenir.

COMPORTEMENT

POSITIF

Entrepreneur, Persuasif,
Enthousiaste, Stimulé,
Ambitieux, Compétitif, Aimable,
Excitable, Festif, Agréable, Captivant,
Partage des informations pertinentes,
Plein de vie, Ingénieux,
Joueur, Dynamique,
Énergique, Pense grand.

NÉGATIF

Manipulateur, Indiscipliné,
Impatient, Dramatique,
Présomptueux, Égoïste,
Facilement ennuyé,
Impulsif, Généralise sans connaître les informations,
Tire des conclusions très rapidement.

FAIBLESSES

Superficialité, Narcissique,
Rêveur, Inconstant,
Objectifs irréalistes, stratosphériques,
Tendance à ne pas tenir ses promesses.

LEADER - Extraverti x Rapide

PARA OBTER SEU APOIO

Socialisation
Innovation
Reconnaissance de son travail.

BESOIN D'APPRENDRE

Maîtrise de soi
Modération
Travaillez en équipe.

PEUT ÊTRE PERÇU PAR LES AUTRES COMME

Inconséquent, Distrait,
Irréaliste, Fou, Rêveur, Indiscipliné,
Lunatique.

AIME

Être évalué et reconnu,
Compagnie des autres,
Ingéniosité,
Sentimental,
Hautement compétitif,
Facilité accrue d'exclusivité,
Vision macro et singularité,
Être reconnu par les autres comme
excellent, unique en quelque chose.
Innovation,
Agilité,
Coopération.

N´AIME PAS

Parler de généralités,
Froideur,
Vague,
Laconique,
Objectivité,
Forcer des solutions,
Légiférer,
Détail,
Être contraint d'agir,
Créer du suspense.

MOTS-CLÉS

Idéaliste
Généraliste
Amplitude
Synergie
Succès
Innovation

AVEC EUX, ESSAYEZ

Interaction pour soutenir ses
intentions,
Être amusant, stimulant et agile,
Laisser de la place pour des
plaisanteries,
Parler de ses objectifs,
Être générique,
Fournir des idées et des concepts pour
la mise en œuvre de toute action
négative,
Accorder des avantages et des
incitations.

AVEC EUX, N'ESSAYEZ PAS

Légiférer,
Être détaillé,
Rêver éveillé
quand le temps est essentiel,
Parler fort avec eux,
Être dogmatique.

SOUS TENSION

Parle fort et vite,
Agité
Explosif

VALEURS CLÉS

Génère des résultats en effectuant
des recherches
Alliés dans l'environnement

ADMINISTRATEUR - Extraverti x Lent

VALEURS CLÉS

Coopératif,
veille à ce que les personnes soient
incluses et se sentent bien à propos du
projet.

ORIENTATION

Relation

CONFIANCE

(+) réceptivité (-) cohérence

TEMPS

En fonction de la personne
avec qui il est.

ARGUMENTATION

Ensemble, nous y parviendrons.

RELATION

Facile avec Leader, Analytique
Difficile avec l'entrepreneur.

INDICATEURS

Musical, Émotionnel, Bavard,
Symbolique, Lecteur (personnel),
Spirituel,
Intuitif avec les personnes.

COMPÉTENCES

Expression d'idées, Correspondance,
Formation, Enseignement.

MOTIVATION AU TRAVAIL

Écouter et parler,
Exprimer des idées,
Travailler avec la communication,
Intégrer une équipe.

AIME

Personne, Impliquer,
Recruter et aider,
Fournir des services,
Relation interpersonnelle,
Attention, Acceptation et éloges,
Minimiser les conflits,
Écouter et enseigner,
Valoriser les sentiments, Amitié,
Tâches multiples, Formation.

N'AIME PAS

Initiative, Dire ce qu'il pense,
Dire non, Agressivité,
Compétitivité, S'imposer,
Se blesser, Être maltraité,
Planifier, Menacer,
Établir des objectifs.

BESOIN D'APPRENDRE

Fixer des objectifs, gérer les conflits,
autodétermination.

MOTS-CLÉS

Equipe et Interactivité,
Famille et participation,
Valeurs et Ressources Humaines,
Croissance personnelle,
Développement général.

FAIBLESSES

Plaît excessivement,
Difficulté à dire non,
Désorganisé,
Déstructuré,
Lent, Incompréhensible.

ADMINISTRATEUR - Extraverti x Lent

**PEUT ÊTRE PERÇU PAR
LES AUTRES COMME**

Cœur tendre,
Bavard,
Très sensible,
Facile à convaincre,
Naïf,
Niais.

COMPORTEMENT

POSITIF

Affectueux, Compréhensif,
Bon auditeur,
Serviable,
Volontaire,
Musical,
Spirituel,
Respectueux et Facile à vivre,
Sans prétention,
Conseiller,
Agréable,
Amical,
Encourageant.

NÉGATIF

Verbeux,
Inefficace,
Résigné,
Dépendant,
Faisant semblant,
Évite les conflits,
Maladroit,
Sans personnalité,
Ultra-sensible,
Parle beaucoup.

SOUS TENSION

Fait semblant d'être d'accord,
Sabote,
Ne s'exprime pas.

POUR OBTENIR SON SOUTIEN

Se lier d'amitié,
Travailler, assister et soutenir le groupe,
Favoriser la satisfaction de tous,
Éliminer les conflits, Harmonie,
Accroître la compétence interpersonnelle.

AVEC EUX, N'ESSAYEZ PAS

Entrer et aller droit au but dans les
affaires,
Le forcer à des réponses rapides,
Dominer,
Exiger,
Manipuler,
Être vague,
Menacer,
Les faits et les chiffres le bloquent,
Paternalisme et probabilités,
Être abrupt et rapide,
Promettre ce qu'il ne peut pas tenir,
Décider à sa place (il perd l'initiative).

AVEC EUX, ESSAYEZ

Commentaires et intérêt personnel,
Découvrir des domaines communs,
Susciter la sensibilité,
Être franc et sincère,
Sensibilité à l'écoute,
Être inoffensif,
Décontracté,
Informel,
Diplomatie en désaccord : Demander
"comment",
Définir les contributions individuelles,
Réduire les risques,
Relation étroite et durable.

Comment prenons-nous des décisions ?

Pour décider, utilisez-vous la logique
ou les sentiments ?

1. Prendre des décisions basées sur les valeurs personnelles

COMMUNICATION

Utilise les valeurs
Satisfaction des autres
Compassion et flexibilité

STRATÉGIE

Sensible et bienveillant
Anticipe les concordances
Évalue l'effet sur les autres
S'engage auprès des gens.

ORIENTATION

"Je ressens"
Pense avec le cœur
État personnel
Relation harmonieuse
Immédiatiste,
Voit de l'intérieur
Compréhensif
Confus et émotif
Sentimental
Supportant,
Amical

2. Prendre des décisions basées sur la logique

COMMUNICATION

Utilise la logique
Récompense pour le travail
Ferme et critique,
Capable de blesser

STRATÉGIE

Poli et bref
Énumère les avantages et les
inconvénients
L'objectif d'abord et avant tout
S'engage dans les tâches.

ORIENTATION

"Je pense"
Pense avec la tête
Logique de la situation
Vision d'avenir
Signale les lacunes
Critique,
Spontané
Bon analyste de plan
Froid et condescendant
Rationnel
Résout des problèmes

231

Comment Organisons-nous notre Temps

Aimez-vous les Surprises ?

NON ------------------- ☐ Planifié
Doit savoir où il va

OUI ------------------- ☐ Flexible
Ne sait pas où il va,
mais sait où il ne veut pas aller

1. Le Planifié

CARACTERISTICAS	ESTÍMULO
Ordem e estrutura.	Planejador.
Controle sobre a vida.	Organizado.
Gosta de ser decisivo.	Rígido.
Limite claro do que faz.	Espírito fechado.
D fechar.	Precisa saber onde vai.
Compra prazo.	Decida lentamente.
Planeja com antecedência.	Pouca flexibilidade.
Percepção exigente, rápido, tenso.	
Precisa de percepção para se equilibrar.	
Planeja.	
Programação imediata.	
Proponho resultados e metas.	
Envolve-se com tarefas.	

2. Le Flexible

CARACTÉRISTIQUES	STIMULUS
Se laisse emporter.	Spontanéité et flexibilité.
La vie telle qu'elle est.	Esprit ouvert.
Aime être ami.	Ne sait pas où il va, mais sait où il ne veut pas aller.
Liberté d'explorer.	Décide rapidement.
Démarrer.	Adaptable au changement.
Reporte tout à la dernière minute.	
Semble désorganisé.	
Désordonné et irresponsable.	
Besoin de jugement pour s'équilibrer.	
Spontané.	
N'aime pas les délais courts.	
Cherche des options.	
Impliquez-vous dans le processus.	

Comment nous nous Relions

En vous Reliant, êtes-vous plus ?

Intimidateur ----------- ☐

Victime -------------- ☐

Interrogateur ----------- ☐

Distant ------------ ☐

INTEROGATEUR (AGRESSIF)

COMPORTEMENT VERBAL

"- Pourquoi... ?"
"- Qui pensez-vous être ?"
"- Où allez-vous ?"
"- Pourquoi vous ne... ?" (question sur le passé)
"- Pourquoi vous ne... ?" (question sur le présent)

MOYENS D'ATTIRER L'ATTENTION

Se positionner en tant que détenteur de la vérité,
forcer l'autre à se justifier,
Surprotection, Contrôlant,
Rusé, Perspicacité pour embarrasser
Hyper-vigilance, Perfectionnisme,
Cynisme, Scepticisme,
Sarcasme,
Utilisation de manipulations, souvent perverses, Présomption,
Déformer en utilisant tout ce qu'il entend contre l'autre
Interrompre les points de vue,
Désobéissance, faire ce qui n'est pas autorisé,
Réprimer moralement l'autre en questionnant
mentalement ses attitudes.

LAISSE LES AUTRES SE SENTIR

Au moment où il utilise ses tactiques pour attirer l'attention, son comportement interrogateur va laisser les autres réagir en fonction de la tactique que chacun utilise.

Victime : Insignifiant, Gêné, Faux

Distant : Contrôlé, jugé

Interrogateur : Avide de vengeance

Intimidateur : En colère

POUR INHIBER LEURS TACTIQUES, VOUS POUVEZ L'ABORDER AVEC :

"Je t'aime bien, mais quand je suis à tes côtés, j'ai l'impression d'être critiqué."
"Quelque chose d'autre vous dérange-t-il ?"

LORSQU'IL EST CONTRÔLÉ IL PEUT DEVENIR :

Chercheur, Professeur
Consultant, Avocat, Artiste

DISTANT (PASSIF)

MOYENS D'ATTIRER L'ATTENTION

Appréhension,
Isolement par peur d'être questionné et
Obéir à la volonté d'autrui,
Solitude, Pense qu'il doit tout faire seul,
Insécurité,
Ne demande de l'aide à personne,
Incrédulité,
Évite la correspondance,
Filtre les appels téléphoniques et les
lectures,
Répulsion, Évite le regard de l'autre,
Dispersion, A besoin de beaucoup
d'"espace",
Évite de prendre des engagements,
Contrariété, Furtivité,
Mystère,
Supériorité,
Tout son problème tourne autour d'un
manque quelconque
(argent, contacts sociaux...).
Peu de coopération,
Inaccessibilité,
Égocentrisme,
de conflits non résolus,
Affronte un conflit en devenant vague,
Enfant, généralement, il ne lui était pas
permis de satisfaire son
besoin d'indépendance ni
reconnu pour son identité.

COMPORTEMENT VERBAL

" - Oui, mais ..."
" - Je ne suis pas prêt pour ..."
" - J'ai besoin de plus (d'argent,
éducation, temps...)"
" - Je ne sais pas, non ..."
" - Je ne suis pas sûr...""- Peut-être..."
" - Je vous donnerai une réponse plus tard"
" - Je suis différent des autres..."
" - Personne ne comprend vraiment
ce que j'essaie de faire..."
" - Je suis confus..."
" - Je ne veux pas entrer dans leur jeu..."
" - Si seulement j'avais..."

**POUR INHIBER LEURS TACTIQUES,
VOUS POUVEZ L'ABORDER AVEC :**

" - J'ai l'impression que vous êtes loin..."
" - Comment vous sentez-vous ?"

LAISSE LES AUTRES SE SENTIR

Interrogateur : Méprisé et Méfiant

Distant : Contrôlé

Intimidateur : En colère

Victime : Rejetée

**LORSQU'IL EST CONTRÔLÉ
IL PEUT DEVENIR :**

Religieux, Conservateur, Artiste

INTIMIDATEUR (AGRESSIF)

COMPORTEMENT

Négation, Refus d'écouter,
Colère, Rage, Rigidité,
Obtient tout à tout prix,
Arrogance,
Moi d'abord,
Veut contrôler les autres,
Violence.

MOYENS D'ATTIRER L'ATTENTION

Menaçant, Dominant,
Égocentrique,
Explosion inattendue,
Irritation, Sarcasme,
Prolixe pour s'imposer,
Autoritaire, Impatient,
Inflexible, Colérique,
Violent, Regard agressif.

POUR INHIBER LEURS TACTIQUES, VOUS POUVEZ L'ABORDER AVEC :

"Pourquoi es-tu si en colère ?"
"On dirait que tu veux que j'aie peur de toi..."
"Puis-je revenir quand tu seras plus calme ?"
"Est-ce que quelque chose te tracasse ?"

LAISSE LES AUTRES SE SENTIR

Victime :
Avec peur, Nerveux
Craint de déclencher
Commentaire gênant
Effrayé
Méfiance de l'événement suivant
Anxieux.

Intimidateur :
Avec colère

Interrogateur :
Envie de vengeance

Distante :
Insignificante

LORSQU'IL EST CONTRÔLÉ PEUT AVOIR PLUS :

Leadership,
Estime de soi
Confiance sans être arrogant
Capacité à apprécier les défis
Coopération des autres.

VICTIME (PASSIF)

COMPORTEMENT VERBAL

"Oui, mais..."
"Je suis fatigué"
"C'est comme ça que je suis"
"Regarde ce que tu me fais"
"Je fais de mon mieux"
"Je vais bien"
"Laisse-moi faire"
"Ne t'inquiète pas pour moi"
"Vois comme je me suis donné du mal..."
"Je suis fragile, j'ai besoin d'aide..."
"Ne me fais pas de mal, je suis si faible..."

MOYENS D'ATTIRER L'ATTENTION

Inquiétude, Pleurs,
Pessimisme, Tremblements,
Manipulation par la faiblesse,
Blâme les autres pour ses résultats,
Regard lointain,
Soupirs,
Dramatise les souvenirs,
S'égare dans les réponses,
Est le dernier à se dévoiler en tout,
Se soumet aux autres, mais pense que
on profite de lui, Défensif,
Peur des risques,
Peu d'aptitude à établir des limites,
Éveille la compassion,
S'excuse et s'explique trop,
Fait tout pour montrer son silence,
Considère les événements comme négatifs,
Inverse les rôles en essayant de résoudre les problèmes des autres.

LAISSE LES AUTRES SE SENTIR

<u>Intimidateur et interrogateur :</u>
Coupable

<u>Distant :</u> Irrité

<u>Victime :</u> mal à l'aise

POUR INHIBER LEURS TACTIQUES, VOUS POUVEZ L'ABORDER AVEC :

"Je sens que tu essaies de me rendre responsable de tes souffrances."
"Peut-être que tu ne le réalises pas, mais tu veux me faire me sentir coupable."

LORSQU'IL EST CONTRÔLÉ IL PEUT DEVENIR :

Aimant, réformateur,
travailleur social,
Guérisseur.

Comment communiquons-nous ?

Te souviens-tu de quoi ?

À l'école, tu te rappelais davantage ce que tu ?

VOYAIS, ÉCOUTAIS ou FAISAIS
(Écrivais, brouillons)

Visuel

VOYIEZ - - - - - - - - - - - - - - ☐

Auditif

ENTENDIEZ - - - - - - - - - - - - - ☐

Synesthésique

FAISIEZ - - - - - - - - - - - - - - ☐
(écriviez, brouillons).

SYNESTHÉSIQUE

CARACTÉRISTIQUES

Dramatise et agit (ressent et montre ce qu'elle ressent...)
Le regard se positionne vers le bas
Modifie systématiquement sa position
Caresse et touche son propre corps
Se souvient de ce qu'elle fait et écrit
Aime sentir les gens très proches
Apprend en faisant, en expérimentant
Parle à voix basse et à un rythme lent,
Respiration basse
Chuchote ou crie
Très intuitive.

ORIENTATION

Oriente la communication à travers l'expérience. A tendance à ressentir plus intensément. Le sentiment guide son comportement.

RÉFÉRENCES

Intuition
Perspicacité (compréhension intérieure)
Perception. Sentiment.
Cherche à comprendre comment les gens se sentent par rapport aux changements, aux décisions, etc.

N´AIME PAS

Personne froide, insensible
Absence de contact physique
Beaucoup de lumière.

AIME

Être touché, Câliner
Environnement chaleureux, intime
Peu de lumière (indirecte)

SIGNAUX VERBAUX

" - Prenez ici, le produit est bon !"
" - Restons en contact..."
" - J'agis fermement"
" - Quelle chaleur humaine..."
" - La sensation est de la peur"
" - Comment vous sentez-vous à ce sujet ?
" - Je peux ressentir la pression du chef"

MOTS-CLÉS

Accentuer,
Endormi,
Tranchant comme un couteau,
Engourdi,
Partager,
Émotionnel,
Stress,
Bouillant,
Ferme,
Couler,
Frais,
Impulsion,
Garder le contact,
Bouger,
Ne vous énervez pas,
Percevoir,
Mettre les cartes sur table,
Mettre la main,
Pression,
Chaud,
Retenir,
Rude,
Mauvais,
Ressentir,
Sensation,
Solide,
Doux,
Toucher.

AUDITIF

CARACTÉRISTIQUES

Se souvenir de ce qu'il entend
Apprécie les gens à côté de lui (pour
mieux écouter)
Est bon imitateur de sons (voix,
instruments de musique...)
A tendance à incliner la tête pour
mieux entendre
A tendance à être froid, insensible
ou négligent
A tendance à toucher la bouche et
les oreilles
Intra communication (parler à soi-
même)
A des tendances à la distraction
Apprend en écoutant
Peut parler tout en écrivant
Possède une voix pleine et posée
Respiration et volume vocal moyens
Yeux alignés avec les oreilles.

ORIENTATION

"- Écoutez ici !"
"- Ça ne me semble pas bien..."
"- Écoutons les faits."
"- Que pensez-vous de mon idée ?"
"- Laissez-moi y réfléchir..."
"- Cela semble être une attitude logique."

RÉFÉRENCES

Logique
Raison
Concepts
Solutions, Réflexion.

SIGNAUX VERBAUX

"- Écoutez ici !"
"- Ça ne me semble pas bien..."
"- Écoutons les faits."
"- Que pensez-vous de mon idée ?"
"- Laissez-moi y réfléchir..."
"- Cela semble être une attitude logique."

N´AIME PAS

Bruits
Se laisse guider par les émotions
Décrire les sentiments
Difficulté à comprendre les
kinesthésiques (trop émotionnel
pour eux).

AIME

Musique,
Télévision...
Écouter l'amour de l'autre : "Je t'aime."
Oreilles sensibles, bon auditeur.

MOTS-CLÉS

Avertir,
Analyser,
Articuler,
Converser,
Discuter,
Entonner,
Interviewer,
Écouter,
Strident,
Je te parle,
Crier,
Idées,
Langue bien pendue,
Ne prête pas l'oreille,
Mal parlé,
Ça me semble,
Mentionner,
Message,
Oral,
Entendre,
Penser,
Demander,
Prononcer,
Résonnant.

VISUEL

CARACTÉRISTIQUES

Sa voix a un rythme rapide et clair
Volume vocal élevé et enthousiaste
Se souvient de ce qu'elle voit
Voit les gens d'en haut, d'un point de
vue supérieur
Apprend avec l'image (en voyant)
Voit tout en détail
Respiration haute
Pupilles dirigées vers le haut
Menton projeté vers le haut
Bonne calligraphie
Imagination claire et détaillée.

ORIENTATION

S'oriente à travers les images
graphiques
Voit plus attentivement
Les images déterminent son
comportement.

SIGNAUX VERBAUX

"Regarde ici !"
"Tiens bien compte de cela :"
"Vois-tu ce que je veux dire ?"
"Je vois cela différemment."
"L'ensemble est..."

RÉFÉRENCES

Images et symboles
Stratégie
Dans les conversations, observe la
situation globale en détail
Considère tous les aspects de la situation.

AIME

Tout bien rangé
Aspect, couleurs
Lumière, clarté
Lire
Voir des signes d'amour de l'autre
Par exemple : cadeaux, fleurs...

N´AIME PAS

Désordre, irritation
Environnement sombre
Toucher et être touché
Coexistence difficile avec les
synesthésiques.

MOTS-CLÉS

La lumière de
Prévoir
Apparaître
Apparence
Aspect
Chercher
Clarté
Clarifier
Clair
Couleur
Faire une scène
Focaliser
Horizon
Image mentale
Imaginer
Inspecter
Montrer
Noter
Observer
Regarder
Panorama
Perspective
Prévoir
Cadre
Se montrer
Symétrie
À plus tard
Voir
Vision
Vue
Visualiser.

NUMÉRIQUE

CARACTÉRISTIQUES

Prédominance de l'hémisphère gauche du cerveau.

ORIENTATION

Pas de système de référence fixe, l'utilise en fonction de la situation.

RÉFÉRENCES

Informations logiques et objectives,
Arguments basés sur les statistiques,
Données scientifiquement prouvées.

INDICES VERBAUX

"- Quelle est la signification de la phrase ?"
"- Quelle est votre opinion ?"
"- À quoi pensez-vous ?"

MOTS-CLÉS

Conseiller
Anticiper
Activer
Créer
Décider
Considérer
Délibérer
Développer
Gérer
Indiquer
Motiver
Réflexion
Planifier
Préparer
Répéter
Savoir

Ce qui Influence Nos Actions

Quel est votre Signe
ou votre Date de Naissance ?

FEU

Signes : Bélier, Lion, Sagittaire
Signification : Orientation interne

FONCTION :	**VISION DU MONDE :**
Initiative, créativité, transformation et l'action.	Intuição e impulsividade

TENDANCES

POSITIF	**NÉGATIF**
Ardent	Agité
Spontané	Dominateur
Enthousiaste	Impulsif
Autosuffisant	Difficile
Romantique	Autoritaire
Créatif	Passionné
Courageux	Impatient
Confiance en soi	N'aime pas être limité
Aventureux	
Motivé	

TERRE

Signes : Taureau, Vierge, Capricorne
Significado : Desenvolvimento Pessoal

FONCTION:	**VISION DU MONDE :**
Perception, objectivité, concret	Sensoriel (sens)

TENDANCES

POSITIF	**NÉGATIF**
Pratique	Matérialiste
Conservateur	Insensible
Réaliste	
Prudent	
Sexy	
Perfectionniste	
Administrateur	
Prudent	
Directeur	
Patient	

AIR

Signes : Balance Gémeaux Verseau
Signification : Relation externe

FONCTION:	**VISION DU MONDE :**
Communication intelligence	Rationnel

TENDANCES

POSITIF	**NÉGATIF**
Communicatif	Froid
Idéaliste	Inamical
Intellectuel	Insignifiant
Logique	Excentrique
Ouverture d'esprit	Critique
But	Rêveur
Sociable	
Analytique	
Impartial	
Flexible	
Autocritique	
Théorique	

EAU

Signes : Cancer, Scorpion, Poissons
Signification : Orientation interne

FONCTION:	**VISION DU MONDE :**
Observation et lien	Sentimental

TENDANCES

POSITIF	**NÉGATIF**
Émotionnel	Indulgent
Réceptif	Indécis
Intuitif	Soi pieux
Partisan	Se blesse facilement
Sensible et profond	Influençable
Généreux	Maladroit dans les conflits
Affectif	
Beaucoup d'amis	
Populaire	
Prudent	
Dévoué	

Nous pouvons observer ci-dessous les caractéristiques des trois qualités.

LES SIGNES CARDINAUX
(Début des saisons)

RÉFÉRENCE TEMPORELLE

PASSÉ	FUTUR
	presente considerando o futuro

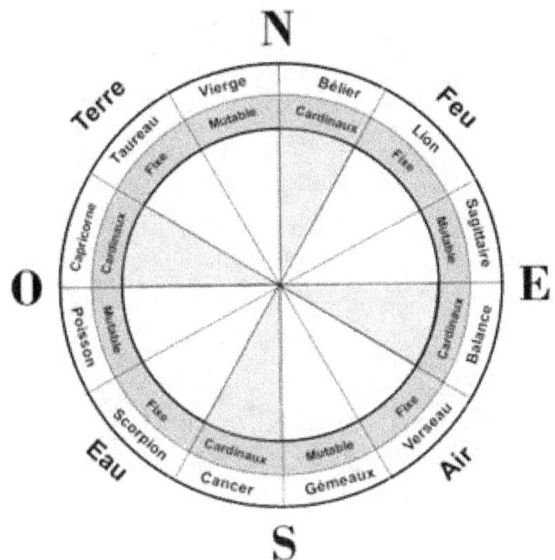

PRINCIPE	MOT-CLÉ
Ação e direção definidas	

TENDANCES

POSITIF	NÉGATIF
Actif	Étre pressé
Ardent	Imprudente
Ambitieux	Dominador
Excité	
Indépendant	
Réflexion rapide	
Insatiable	

LES SIGNES FIXES
(Mi-Saison)

RÉFÉRENCE TEMPORELLE
Present

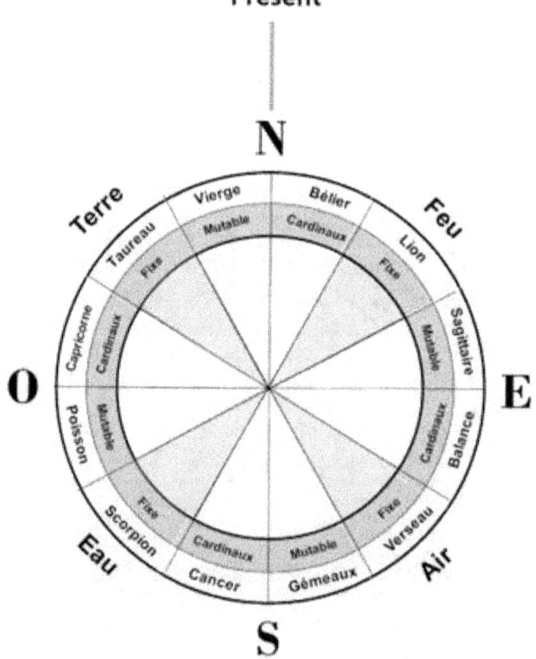

PRINCIPE

L'énergie rayonnait vers l'intérieur. Grand pouvoir de concentration et persévérance

MOT-CLÉ

Segurança.

TENDANCES

POSITIF

Déterminé
Stable
Résolu
Décidé
Concentré
Économique
Majestueux

NÉGATIF

Têtu
Égoïste

LES SIGNES MUTABLES
(Fin des saisons)

RÉFÉRENCE TEMPORELLE

PASSÉ   FUTUR

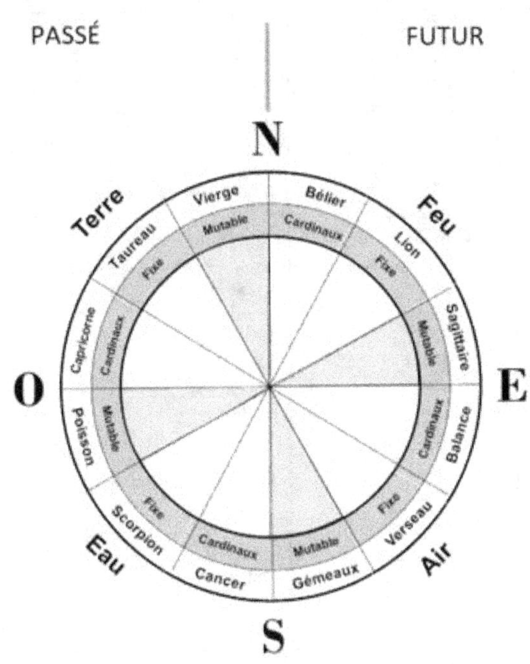

PRINCIPE	MOT-CLÉ
Harmonie	Connaissance

TENDANCES

POSITIF	NÉGATIF
Flexible	Trompeur
Sympathique	Inconstant
Intuitif	Traître
Subtil	
Ingénieux	

	FEU		
	Cardinal	Fixe	Mutable
	Áries 21 de mars à 20 Avril	**Lion** Du 22 juillet au 22 août	**Sagittaire** Du 22 novembre au 21 décembre
Concept clé	Libération d'énergie dirigée en un seul point dans la recherche de nouvelles expériences	Loyauté fervente et constante.	Aspiration persistante Par l'idéal
Correspondance psychologique	Volonté Impulsivité Esprit d'entreprise Conscience de soi Leadership	La volonté de créer. Confiance en soi.	Cultive la spiritualité Planification et perspective de l'avenir
Tendances POSITIF	Pionnier Franc Combatif Indépendant Courageux Énergique Initiative Excité Exécutif Gai Compétitif Dynamique Rapide Présent	Créatif Leader Honnête Talentueux Travailleur Ambitieux Indépendant Gentil Idéaliste Majestueux Romantique Généreux Optimiste	Généreux — Savant Optimiste — Sensible Franc — Sociable Philosophique — Honnête Espoir — Tolérant Jovial — Juste Voyageur — Religieux Multilingue — Lecteur Causeur Gai Prospère Intuitif Excité
Tendances NÉGATIF	Dominateur Violent Agressif Impulsif Impatient Égoïste Têtu Précipité Fâché Intolérant Arrogant Brusque Inconstant Pressé Égocentrique	Autoritaire Égocentrique Fier Vain Arrogant Cruel Prétentieux Peur du ridicule	Indiscreto Ríspido Extremista Incompreensivo Orgulhoso Emotivo Discutidor Exagerado Brusco Impaciente Intrometido Irado

TERRE		
Fixe	Cardinal	Mutable
Taureau Du 21 avril au 20 mai	Capricorne Du 22 décembre au 20 janvier	Vierge Du 23 août au 22 septembre
Concept clé	Profondeur de l'évaluation liée aux sensations Aptitudes physiques immédiates	Détermination à voir Les Choses finies	Serviabilité Spontané
Correspondance psychologique	Persévérance Consolidation Le pouvoir de façonner Le sens de la forme	Travailleur Patience Formalité	Zèle et soin Commande
Tendances POSITIF	But Persévérant Calme Économique Harmonieux Sociable Patient Gentil Conservateur Sexy Scrupuleux Étable Fiable Artistique Fidèle	Ténacité Ambition Objectivité Aime les personnes âgées Austère Banal Fiable Responsable Prudent Professionnel Pratique Sérieux Économique Travailleur Perfectionniste	Modeste Intelligent Songeur Organisé Objectif Méditatif Nobre Le bondoso Religieux Voyageur Profond Appliqué Méthodique Scientifique Exigeant Perfectionniste Collectionneur Contrôleur
Tendances NÉGATIF	Obstiné Possessif Passif Vengeur Dissolu Lent Fâché Matérialiste Têtu Avide	Froid Rigide Pessimiste Mélancolique Conservateur Parle seul Égoïste	Pointilleux Critique Mélancolique Solitaire Peu de bonheur Célibataire Orateur Affligé Avare Égocentrique Pédant Sceptique Insatisfait

	AIR		
	Cardinal	**Fixe**	**Mutable**
	Balance Du 23 septembre au 22 octobre	**Verseau** Du 21 janvier au 20 février	**Jumeaux** Du 21 mai au 20 juin
Concept clé	Harmonisation des Toutes les polarités pour le perfectionnement de soi.	Coordination Des gens Impartiaux et concepts	Perception immédiat
Correspondance psychologique	Sens de la justice À la recherche de l'harmonie Sentiment d'appartenance à la communauté	Spectateur Observateur Planificateur	Vif Polyvalent Superficiel
Tendances POSITIF	Altruiste Bon goût Estimé Honnête Tolérant Bienveillant Agréable Commerçant Talentueux Gai Excité Coopérative Persuasif Raffiné Diplomate Rassasiant Impartial	Intelligent Solitaire Langue source Innovateur Génial Honnête Humaniste Gentil Amical Indépendant Inventif Tolérant Individualiste Artistique Scientifique Altruiste Intellectuel	Intellectuel Cultivé Lecteur Causeur Actif Célébrant Curieux Imaginatif Supériorité Agréable Expressif Perspicace Habile Intelligent
Tendances NÉGATIF	Incertain Jaloux Scandaleux Inconstant Grincheux Découragé Apathique Pacifiste	Rebelle Excentrique Imprévisible Retiré Silencieux Incompris Solitaire Lunatique Froid Timide Des opinions figées Radical Impersonnel	Indécis Agité Dispersion Peu profond Orateur Raisonneur Mutant Pas de persistance Ingrat Fascinant

EAU		
Cardinal	**Fixe**	**Mutable**
Cancer Du 21 mars au 20 avril	**Scorpion** Du 23 octobre au 21 novembre	**Poisson** Du 21 février au 20 mars
Concept clé	Un protectionnisme instinctif Empathie et protection	Pouvoir de persuasion	Compassion pour les souffrants
Correspondance psychologique	Un protectionnisme instinctif Empathie et protection	Puissance de persuasion	Se préparer pour le Prochain cycle basé sur la conclusion de ce qui précède.
Tendances POSITIF	Populaire Collectionneur Bonne vie Bonté Protecteur Réceptif Intuitif	Déterminée Auto-contrôle Magnétique Attractif Gentil Sexy Secret Conscient Motivé Pénétrant Scientifique Explorateur Passionné	Sensible Empathique Réceptif Religieux Communicatif Sensible Amical Compatissant Charitable Émotionnel Sympathique Artistique
Tendances NÉGATIF	Nostalgique Négligent Instable Hypersensible Incertain	Jaloux Dramatique Méfiant Violent Méchant Intrigant Faux Têtu Mystérieux Vengeur Lunatique Arrogant Sarcastique Réticent Intolérant	Instable Vulnérable Confus Indolent Logés Pas d'initiative Solitaire Souffre en silence Parle beaucoup Indiscret Mélancolique Pessimiste Timide Complexe

RÉFÉRENCES BIBLIOGRAPHIQUES

I. MODE DE VIE

EISBERG, Robert RESNICK, Robert. Physique Quantique – Atomes, Molécules, Solides, Noyaux et Particules. Traduit par Paulo Costa Ribeiro, Ênio Costa da Silveira et Marta Feijó Barroso. Rio de Janeiro : Campus, 1979.

HOLANDER ; Cláudia : Guide Astrologique 1999. Revue NOVA. São Paulo : Éditeur ABRIL, 1999. Édition 303.

PEIRUQUE ; Rubens : Manuel d'Astrologie et de Numérologie, Grande Révélation sur les mystères du destin. Rio de Janeiro : Librairie Freitas Bastos,1963.

II. PERCEPTION DU MONDE.

CARNEGIE, Dale. Comment se faire des amis et influencer les gens. Traduit par Fernando Tude de Souza. 52e éd. São Paulo : Companhia Editora Nacional, 2012.

RIZZO, Ricardo. Marketing Relationnel, La première impression est celle qui reste. Maceió : WORK SHOP, 14/05/1997.

III. COMMENT LES GENS SE RÉVÈLENT ?

CLAPIER-VALLADON, Simone. Les théories de la personnalité. São Paulo : Martins Fonte, 1988.

MYERS, Isabel Briggs. "Être humain, c'est être différent : valoriser les personnes pour leurs dons spéciaux." Traduit par Eliana Rocha, Ilda Shulter. São Paulo : Gente, 1997.

ROBBINS, Harvey : Comment écouter et parler avec efficacité ; Traduit par Talina Macedo Rodrigues. Rio de Janeiro : Campus, 1994 (Série Travail Efficace)

SEBRAE IDEAL (Programme de développement du leadership d'entreprise) Module : comment rendre le temps du travail plus productif. Maceió. 18/04/1998.

SEBRAE IDEAL : (Programme de développement du leadership d'entreprise)

Module : Comment le leader d'avant-garde négocie. Maceió. 01/08/98.

FANNING, Marina. MBTI (Meyers Briggs Types Indicator)

Maceió : WORKSHOP, 20/05/98

IV. TECHNIQUES

BERNE, Eric : Les jeux de la vie, analyse transactionnelle et les relations entre les personnes. Traduit par E. Artens ; Adaptation de Julio de Moraes. São Paulo : Nobel,1995.

REDFIELD James. La Prophétie des Andes. Traduit par Marcos Santarrita. Rio de Janeiro : Objetiva LTDA,1995. ______;

Carol Adrienne. Guide de lecture de la Prophétie des Andes. Traduit par Marcos Santarrita. Rio de Janeiro : Objetiva LTDA, 1995.

WATELET, Jean Charles Olivier. "Améliorez vos relations : guide pratique de la reconnaissance et du comportement humain." Maceió : Alagoas : Clube de Autores 2015.

À propos de l'auteur

Jean-Charles Watelet est un penseur franco-brésilien dont le parcours singulier a commencé par une question audacieuse et transformatrice : et si les mêmes principes qui régissent la physique gouvernaient aussi le comportement humain ?

De cette intuition fondatrice est né le *Système Universel*, une théorie structurelle basée sur le mouvement unique d'une particule — un mouvement primordial qui l'a conduit à l'hypothèse de l'existence d'un possible « ADN de l'univers », une matrice vibratoire reliant toutes les formes d'existence.

Auteur de sept ouvrages qui naviguent avec fluidité entre science, philosophie, psychologie et spiritualité, Watelet propose au lecteur une vision unifiée de la réalité — où le visible et l'invisible, l'atome et le cosmos, les dilemmes personnels et les grands événements de l'humanité sont les rouages d'une même danse vibratoire.

Parmi ses titres les plus marquants figurent *Le Système Universel*, *Les Lois de Votre Univers Intérieur*, *L'Essence de la Vie*, *Démasquer le Syndrome du Petit Pouvoir*, *Le Petit Pouvoir Tue*, *Adolf : L'Intention* et *Hitler : L'Armageddon*. Dans chacun de ces ouvrages, il articule une analyse psychologique profonde, une conscience historique aiguisée et des révélations provocantes sur les structures invisibles qui façonnent nos émotions, nos décisions et notre destinée.

Créateur de la méthode *Améliorez vos Relations*, Jean-Charles transforme ses découvertes en outils pratiques de transformation personnelle. Son œuvre inaugurale, *Les Lois de Votre Univers Intérieur*, publiée à la Biennale Internationale du Livre de Maceió en 2017, marque le début d'un parcours littéraire dédié à l'expansion de la conscience humaine.

Installé actuellement dans une charmante ville du nord-est du Brésil, il puise son inspiration dans la sérénité des paysages et la richesse symbolique de la culture locale. C'est dans cet environnement fertile qu'il poursuit ses recherches — avec un objectif clair : révéler les codes cachés de l'existence et proposer une nouvelle manière de comprendre la vie, en unissant la sagesse ancestrale à l'exploration scientifique contemporaine.

Plus qu'un auteur, Watelet est un cartographe de la conscience — un guide qui invite le lecteur à regarder la vie sous un nouvel angle, où comprendre devient le premier pas vers la liberté.

Œuvres de Jean-Charles Watelet

L'ensemble des œuvres de Jean-Charles constitue une ressource essentielle pour quiconque souhaite approfondir la compréhension du comportement humain, de l'histoire, des dynamiques de pouvoir et des connexions cosmiques. Ses livres offrent une approche unique qui allie science, psychologie, philosophie et histoire, proposant une lecture à la fois éclairante, inspirante et transformatrice.

Le Système Universel

En explorant les fondements du cosmos, ce livre relie la science à l'introspection, invitant le lecteur à découvrir son rôle dans la grande symphonie cosmique. Avec une approche innovante, Jean-Charles combine logique et science pour révéler les connexions entre le microcosme humain et le macrocosme universel.

Les Lois de Votre Univers Intérieur

Cette œuvre harmonise science, psychologie et pratiques de développement personnel, proposant un guide pratique pour comprendre les lois qui régissent le comportement humain. Idéale pour ceux qui aspirent à une croissance personnelle et à des interactions plus conscientes, elle constitue une ressource précieuse pour transformer ses perspectives et améliorer ses relations.

L'Essence de la Vie

Combinant science, comportement humain et philosophie, *L'Essence de la Vie* explore les schémas universels qui façonnent l'existence. Jean-Charles Watelet y dévoile la structure cachée qui régit l'univers et montre comment ces principes se reflètent dans notre biologie, nos émotions et nos relations. À partir de l'équation fondamentale de l'équilibre, il révèle comment les forces cosmiques influencent notre destinée — une plongée profonde vers la compréhension de l'interconnexion entre l'humain et l'univers.

Démasquer le Syndrome du Petit Pouvoir

Une analyse approfondie des dynamiques de pouvoir et de manipulation qui imprègnent la vie quotidienne. Jean-Charles mêle science, psychologie et expériences réelles pour créer un récit percutant, offrant des outils concrets pour reconnaître et désamorcer ces dynamiques.

Le Petit Pouvoir Tue

Dans ce livre, Jean-Charles Watelet plonge dans les mécanismes cachés du pouvoir et de la manipulation, révélant comment de petites doses d'autorité peuvent corrompre des individus et des systèmes entiers. Avec une approche analytique et psychologique, il dissèque les comportements qui transforment des dirigeants ou des personnes ordinaires en agents de domination. Il livre ainsi les outils nécessaires pour identifier, résister et se libérer de ces influences nocives.

Adolf : L'Intention

Bien plus qu'un récit historique, cet ouvrage est une étude puissante sur les motivations humaines et leurs conséquences. Jean-Charles propose une narration captivante et introspective, reliant les événements autour d'Adolf Hitler à des réflexions sur l'empathie et la responsabilité. Une invitation puissante à tirer les leçons du passé pour construire un avenir plus conscient.

Hitler : L'Armageddon

Présenté comme une pièce de théâtre, ce livre explore comment le concept d'Armageddon a inspiré Adolf Hitler dans sa vision apocalyptique. Jean-Charles révèle les intentions cachées du régime nazi et l'impact dévastateur de la manipulation de masse. Une œuvre saisissante, entre histoire et symbolisme, qui pousse le lecteur à réfléchir sur les dynamiques du pouvoir et leurs implications.

Une vision transformatrice

Avec une approche unique et intégrative, Jean-Charles Watelet allie science, philosophie, histoire et psychologie pour proposer des réflexions profondes et inspirantes. Ses ouvrages invitent à explorer les forces qui façonnent l'humanité et le cosmos, favorisant empathie, connaissance de soi et transformation. Plus que de simples livres, ce sont des instruments puissants pour mieux comprendre le monde — et notre place en son sein.

.